AF509342

SAMUEL LE MARCHAND,

DRAME EN CINQ ACTES.

PAR

MM. MONTIGNY ET MEYER;

Représenté pour la première fois, à Paris, sur le théâtre de l'Ambigu-Comique,
le 10 mars 1838.

DISTRIBUTION DE LA PIÈCE:

ISAAC BEN SAMUEL, sous le nom de Maître DIDIER LE LOMBARD, banquier à Francfort...	M. Saint-Ernest.
CHARLES, roi d'Espagne....................	M. Armand.
LE COMTE PALATIN DU RHIN, électeur.....	M. Danguin.
LE MARGRAVE DE BRANDEBOURG, électeur..	M. Saint-Firmin.
EMMANUEL, juif, fiancé d'Esther............	M. Roger.
RODOLPHE..........................	M. Ménié.
L'amiral BONNIVET.....................	M. Anatole-Gras.
Le baron SLEIDANN....................	M. Barbier.
Le comte DE CHIÈVRES, ministre de Charles....	M. Delaunay.
L'ÉVÊQUE DE COLOGNE, électeur...........	M. Monet.
L'ARCHEVÊQUE DE MAYENCE, électeur......	M. Duvillard.
LE ROI DE BOHÉME, électeur..............	M. Ulysse.
FRÉDÉRIC DE SAXE, électeur.	
L'ARCHEVÊQUE DE TRÈVES, électeur.	
Un Capitaine...........................	M. Saillard.
Un Gentilhomme du Palatin...............	M. Garcin.
Un Domestique........................	M. Gilbert.
Un Garde............................	M. Eugène.
ESTHER, fille de Samuel.................	Mlle Blés.
MARGUERITE, sa nourrice...............	Mme Saint-Firmin.
Un Page................	Mlle Héloïse.

Invités, Gardes, Pages, Domestiques.

La scène se passe en Allemagne.

ACTE PREMIER.

Le théâtre représente une salle basse chez Samuel.

SCÈNE I.

ESTHER, seule. Elle est debout près d'une croisée, regardant à travers les vitraux. A la fin de l'introduction, elle se retourne comme effrayée du côté de la porte du fond.

Qui vient là?... J'avais cru entendre... ce ne pouvait être que Marguerite; mais elle aussi me fait peur... car maintenant j'ai peur d'une parole, peur d'un coup-d'œil : il me semble qu'un regard ne peut pas s'arrêter sur mon visage sans y lire le secret de mon déshonneur, sans deviner mon crime! Et pourtant vous le savez, ô mon Dieu! tout mon crime fut d'être aimée de Rodolphe... Mais avais-je rien fait pour encourager son audace? N'ai-je pas versé des larmes de sang sur le souvenir de cette nuit... nuit horrible! où, surprise dans mon sommeil,

* Les indications sont prises de la droite et de la gauche de l'acteur.

33

glacée de terreur... effrayée au point de perdre, avec l'usage de mes sens, le sentiment de mon malheur, je ne revins à moi que pour pleurer sur ma honte!... Et lui aussi alors pleurait à mes genoux, et lui aussi demandait grace.. il m'appelait du nom sacré d'épouse, il me prodiguait les promesses les plus saintes! Oh! c'est pour me punir de ne l'avoir pas repoussé avec colère, c'est parceque je ne suis pas morte de honte à ses pieds, morte en le maudissant, c'est pour cela, Seigneur, que vous l'avez entraîné brusquement loin de ces lieux; pour cela vous avez voulu que pas un mot ne me fit soupçonner à l'avance cette disparition subite... et que depuis douze jours aucun message ne me vint parler de lui! O mon Dieu! en vain je voudrais en douter, il me trompait, il ne m'aimait pas! oh! maintenant, mon Dieu, ne voulez-vous pas faire que je meure!

(Elle pleure.)

SCÈNE II.

ESTHER, MARGUERITE.

MARGUERITE, *entrant du fond.*

Ouf! que de monde dans les rues de Francfort! On dirait que l'Europe entière s'est donné rendez-vous dans notre ville impériale et libre... Mais vous ne m'écoutez pas... qu'avez-vous, Esther?

ESTHER.

Rien.

MARGUERITE.

Rien, et vos yeux sont gonflés, vos joues pâles... et voilà plusieurs jours que vous êtes ainsi... Ah! si vous ne souffrez pas, dépêchez-vous, ma chère enfant, de prendre une autre figure: il ne faut pas qu'on vous voie ainsi... Eh! c'est aujourd'hui qu'on revient...

ESTHER.

Rodolphe!

MARGUERITE.

Allons donc, folle!.. il est bien question de ce jeune officier que nous avons soigné, et qui, une fois sa blessure guérie et ses forces revenues, s'est envolé d'ici comme un oiseau de sa cage: je vous annonce le retour de maître Didier.

ESTHER.

Mon père?

MARGUERITE.

Eh! oui; j'ai passé chez maître Hériot, son homme de loi; on a des nouvelles toutes récentes: c'est aujourd'hui qu'il arrive d'Italie, après trois mois d'absence.

ESTHER, à part.

Trois mois que je n'ai embrassé mon père!.. et son retour me fait trembler!

MARGUERITE.

Tout s'est terminé à Venise comme il le souhaitait: il a vendu avantageusement la maison de commerce à la tête de laquelle il avait placé, il y a quatre ans, M. Emmanuel, votre parent, qui est aussi votre futur.

ESTHER.

Et Emmanuel revient avec mon père?

MARGUERITE.

Pour vous épouser; c'est une chose qui a été convenue entre votre père et lui, lorsque M. Emmanuel a quitté Francfort pour aller s'établir en Italie. Emmanuel est d'une humeur un peu sauvage, d'un naturel emporté; mais le mariage le formera, l'adoucira... sans compter qu'il est de votre religion...

ESTHER.

Assez, Marguerite; qu'importe tout cela!

MARGUERITE.

C'est vrai qu'aux yeux de votre père cette dernière considération n'importe guère. C'est plus qu'un homme raisonnable, votre père... c'est presque un philosophe: les différences de religion n'existent pas pour lui; il ne se croit pas obligé à détester tous les chrétiens et à n'aimer que les Israélites. Aussi, quand même M. Emmanuel ne serait pas juif comme lui...

ESTHER.

Silence, au nom du ciel!...

MARGUERITE.

Oh! nous sommes seules, et grace au ciel personne ne peut soupçonner que, sous le nom de maître Didier le Lombard, ce nom du plus riche commerçant de l'Europe, se cache, à Francfort, le juif Isaac Ben Samuel. Nous connaissons les statuts de la ville libre; ils défendent aux juifs d'y séjourner...

ESTHER.

Sous peine de mort...

MARGUERITE.

De mort... non, mais sous peine d'exil. Oh! l'on peut s'en rapporter à moi pour tout ce qui touche à la politique. Depuis que je vais quelquefois dans l'étude de maître Hériot, j'ai appris bien des choses. Tenez, tout-à-l'heure encore j'ai entendu causer un docteur fort habile sur le grand événement de cette année 1519, la mort de l'empereur Maximilien et l'élection de son successeur...

(Tintements de cloches au-dehors.)

ESTHER.

Quel est ce bruit?

MARGUERITE.

Les cloches de Saint-Barthélemy; elles annoncent que l'on sort de la cathédrale. (S'approchant de la fenêtre.) De cette fenêtre nous pourrons voir passer les sept électeurs et leur cortége.

ESTHER, vivement.

Les électeurs vont passer là?

MARGUERITE.

Certainement. «Savez-vous ce que c'est qu'un électeur? disait mon docteur de ce matin; c'est un homme qu'on est convenu d'appeler un prince souverain. Il est porteur d'un beau nom; il s'appelle ou margrave de Brandebourg, ou comte palatin du Rhin, ou même roi de Bohême; mais il est souvent plus pauvre qu'un pauvre gentilhomme ou qu'un bourgeois. »

ESTHER, à part, en regardant.

Le verrai-je parmi eux !

MARGUERITE, continuant.

« Seulement, ils ont un moyen de refaire leur fortune chaque fois qu'ils font un empereur, et ce moyen c'est leur voix. » Voilà, par exemple, ce que je n'aurais jamais imaginé ! Croiriez-vous, Esther, qu'une voix d'électeur de la Diète est une marchandise dont on fait commerce? Ah! voici les électeurs... Voyez, Esther, voyez... ils sont au grand complet maintenant... les voilà tous sept à cheval : au premier rang, les archevêques de Mayence et de Trèves, arrivés d'aujourd'hui seulement... Ils ont vraiment bon air à cheval, pour des hommes d'église.

ESTHER, à part.

Il n'est pas là !

MARGUERITE, continuant.

Maintenant le roi de Bohême et l'archevêque de Cologne. Ensuite... ah! ensuite, ce brave homme d'électeur de Saxe... cet excellent duc Frédéric! Je ne sais pas où ils iront chercher un empereur, mais, bien sûr, si quelqu'un est digne de le devenir, c'est Frédéric-le-Sage. Qui vient après lui?...

ESTHER, vivement.

Le comte palatin du Rhin.

MARGUERITE.

C'est juste, vous l'avez reconnu avant moi... A propos, n'était-ce pas à la suite du comte palatin que marchait, il y a deux mois, M. Rodolphe?

ESTHER, embarrassée.

M. Rodolphe?... je ne sais...

MARGUERITE.

Il n'y est pas aujourd'hui.

ESTHER, à part.

Plus d'espoir !

MARGUERITE, toujours à la fenêtre.

Oh! le septième... je ne m'y tromperais pas; figure de connaissance; le margrave de Brandebourg... le plus prodigue, le plus endetté de tous... celui que votre père appelle sa mauvaise pratique. Eh mais! il s'arrête devant la maison... est-ce que, par hasard?... oui vraiment, il vient ici.

ESTHER.

Ici?

MARGUERITE.

Eh! certainement; ses pages, ses gentilshommes sont entrés déjà.

ESTHER.

Tant de monde!... Marguerite, je me retire.
(Voix bruyantes sur l'escalier. Esther sort par la gauche.)

SCÈNE III.

SLEIDANN, LE MARGRAVE, UN OFFICIER, PAGES, MARGUERITE.

UN PAGE, annonçant.

Son altesse électorale le margrave de Brandebourg.

LE MARGRAVE.

Où est-il, ce cher Didier... cet honorable prince des ducats? On vient de m'annoncer son retour... où est-il? que je sois le premier à l'embrasser.

MARGUERITE.

Mon maître est encore absent, monseigneur.

LE MARGRAVE, à Sleidann.

Que disiez-vous donc, baron Sleidann?... votre niais de Peter se sera trompé; l'imbécille ne connaît pas la figure du banquier-roi.

SLEIDANN.

Peter connaît parfaitement et a parfaitement reconnu *le Lombard;* maître Didier entrait en ville il n'y a pas un quart-d'heure, par la porte du sud; mais, retardé peut-être par quelque rencontre...

LE MARGRAVE.

Au diable les rencontres! (Bas à Sleidann.) Si d'autres mains s'en emparent avant moi... il est capable de m'arriver les poches vides. Et vous dites que son altesse, ma femme, a perdu hier au jeu de l'amiral Bonnivet...

SLEIDANN.

Quatre mille ducats d'abord... et puis six autres mille sur parole.

LE MARGRAVE.

C'est exorbitant !... Et combien de temps avons-nous pour rembourser?

SLEIDANN.

Son altesse a promis pour demain.

LE MARGRAVE.

Demain! le crédit n'est pas long. Vous paierez sur ma cassette.

SLEIDANN, bas.

Monseigneur, elle est vide.

LE MARGRAVE, de même.

Je le sais bien... J'attends Didier pour qu'il la remplisse. (A Marguerite.) Dites-moi, bonne femme, avez-vous vu ici deux Flamands, deux marchands, le père et le fils?

MARGUERITE.

Personne encore, monseigneur.

LE MARGRAVE, à Sleidann.

C'est le roi d'Espagne, mon cousin Charles, qui me les recommande; ils viennent à Francfort pour faire des affaires; j'ai promis de les présenter moi-même à Didier... Je leur ai donné rendez-vous ici. (Il s'assied et s'adresse à un officier.) Eh bien! capitaine, vous arrivez de Suisse ?

L'OFFICIER.

J'y ai passé l'hiver, monseigneur.

LE MARGRAVE.

Comment parle-t-on de nous, là-bas?.. Qu'avez-vous entendu dire du défunt empereur?...

L'OFFICIER.

Des choses qu'il vaut peut-être mieux ne pas répéter.

LE MARGRAVE.

Pourquoi donc? ce qu'on dit des rois pendant leur vie n'est si souvent que flatterie et mensonge... on leur doit bien quelques paroles de vérité après leur mort; parlez.

L'OFFICIER.

On accuse l'empereur d'avoir manqué toute sa vie de courage et de probité; on l'appelle dans nos cantons : « Maximilien sans cœur et « sans honneur. »

LE MARGRAVE.

Moi, je l'appelais : « Maximilien sans ar- « gent. » De tous les défauts, c'est le pire. (A l'officier.) Capitaine, vous voulez entrer à mon service?

L'OFFICIER.

Oui, monseigneur.

LE MARGRAVE.

Il faut vous équiper.

L'OFFICIER, embarrassé.

Monseigneur...

LE MARGRAVE.

Ah! oui, je sais... Vous avez mangé votre patrimoine dans les guerres d'Italie contre le roi François. Vous étiez à Marignan?

L'OFFICIER.

Au combat des géants.

LE MARGRAVE.

Mon trésorier vous avancera, sur ma cassette, un an de solde.

SLEIDANN, bas.

Mais j'ai déjà dit à votre altesse que sa cassette...

LE MARGRAVE.

J'ai déjà dit pourquoi j'attends ici.

MARGUERITE.

J'entends la voix du maître.

<hr>

SCÈNE IV.

SLEIDANN, LE MARGRAVE, SAMUEL, MARGUERITE, UN OFFICIER.

SAMUEL, à la cantonade.

Emmanuel, rendez-vous à l'instant chez son altesse le comte palatin du Rhin; le prince me fait l'honneur de me mander près de lui; sachez ce que veut de moi le vicaire de l'empire... mais trouvez un motif pour m'excuser, car je suis impatient de revoir ma fille. (Il entre.) Oh! oh! du monde! (On se presse autour de lui.) Salut à vous tous, mes gentilshommes... Monseigneur le margrave ici!

LE MARGRAVE.

Mon cher Didier, je suis venu...

SAMUEL.

Pardon, monseigneur, si je vous interromps... mais je vous écouterais mal en vous écoutant tout de suite; dans l'intérêt même du respect que je dois à votre altesse, permettez que je vous fasse attendre... (A Marguerite.) Ma fille va bien?... pas d'accident pendant mon absence?...

MARGUERITE.

C'est-à-dire qu'on a voulu nous assassiner!

SAMUEL.

Ma fille?

MARGUERITE.

Avec moi! Des malfaiteurs qui en voulaient à vos richesses... ils se sont introduits pour dévaliser, piller la maison...

SAMUEL, plus fort.

Et ma fille?

MARGUERITE.

C'était le soir... tous vos commis, tous les gens de la maison étaient absents... nous entendons frapper...

SAMUEL, éclatant.

Mais ma fille! malheureuse!... ma fille estelle malade... blessée?.. D'où vient que je ne la vois pas?...

MARGUERITE.

Oh! ne craignez rien, maître...

SAMUEL.

Tu me rassures... et elle n'est pas là!... Marguerite, tu veux me tromper!

MARGUERITE.

Non, maître, non... je vous jure!...

SAMUEL.

Mais alors montre-la-moi donc... rends-moi donc ma fille!

MARGUERITE, indiquant la porte à gauche.

Là, maître, elle est là!...

SAMUEL, s'y précipitant.

Esther, ma fille!... viens embrasser ton père!...

<hr>

SCÈNE V.

SLEIDANN, LE MARGRAVE, CHIÈVRES, CHARLES, MARGUERITE, ETC.

LE MARGRAVE, regardant aller Samuel en souriant.

Drôle de corps! jusqu'à ce qu'il ait vu sa fille, nous serons là comme si nous n'y étions pas.

SLEIDANN.

Ça n'est pas fort poli.

LE MARGRAVE.

Pour vous?...

SLEIDANN.

Pour votre altesse.

LE MARGRAVE.

Oh! moi... vous voyez... j'attends.

SLEIDANN.

Monseigneur est-il fait pour attendre le bon plaisir d'un marchand?

(Entrent Charles et de Chièvres. Ils se tiennent un peu au fond jusqu'après la rentrée de Samuel.)

LE MARGRAVE, à Sleidann.

Ne dites pas de mal des marchands... Voici mes deux protégés. — Arrivez donc, messieurs, vous êtes en retard.

CHIÈVRES, saluant profondément.

Son altesse daignera-t-elle excuser?...

LE MARGRAVE.

Maître Didier vient d'arriver; il m'a prié d'attendre un instant; si vous ne refusez pas de faire comme moi, je vous servirai d'introducteur.

CHIÈVRES, s'inclinant de nouveau.

Monseigneur, c'est trop de bonté.

(Charles fait un salut froid et raide.)

LE MARGRAVE, bas à Sleidann.

Comment les trouvez-vous?

SLEIDANN.

Le papa me plaît assez... il se présente bien ; quant au fils, je lui trouve l'air commun.

LE MARGRAVE.

Il n'a pas la figure d'un sot.

SLEIDANN.

Je crois que sa figure ment... à peine s'il sait saluer.

SCÈNE VI.

LES MÊMES, SAMUEL.

SAMUEL, le visage riant.

Marguerite, ton Esther t'appelle... ne la laisse pas seule. (Marguerite sort par la gauche.—Au margrave.) Monseigneur, je vous renouvelle mes très humbles excuses; mais à présent que j'ai revu et embrassé mon enfant, j'ai le cœur à l'aise et la tête libre; je suis à vous, tout entier à vous.

LE MARGRAVE.

Nous pouvons parler d'affaires.

SAMUEL, à part.

Des affaires avec lui... j'en ai déja trop fait. (Haut, avec une fausse bonhomie.) Ma foi, monseigneur, je ne sais pas si je rapporte d'Italie quelque chose qui puisse vous tenter. Ces pauvres Vénitiens ont l'imagination monotone... Toujours des chaînettes d'or, des torsades en argent doré, des miroirs assez élégamment encadrés, et puis...

LE MARGRAVE.

Vrai Dieu ! mon pauvre Didier, il est bien question de miroirs et de chaînettes !... L'empereur Maximilien est mort.

SAMUEL.

Oui, j'ai su cela... une mort peu impériale... une indigestion...

LE MARGRAVE.

Cette mort-là ou une autre...

SAMUEL.

C'est toujours mourir, monseigneur a raison ;

mais quand on pense que s'il avait plu à sa majesté de manger un peu moins...

LE MARGRAVE.

Oui, cela changeait bien la face des affaires en Europe ; nous n'aurions pas aujourd'hui à prononcer entre les prétendants.

SAMUEL.

Et les prétendants sont nombreux peut-être ?

LE MARGRAVE.

Heureusement.

SAMUEL.

Pourquoi heureusement?

LE MARGRAVE.

Parcequ'il y a concurrence... et l'on peut choisir.

SAMUEL.

C'est juste... l'empire au plus digne.

LE MARGRAVE, à part.

Au plus riche. (Haut.) Maître Didier, vous êtes un homme de sens, je veux avoir votre avis : Que pensez-vous du roi de France?

SAMUEL.

Monseigneur, je n'en pense rien tout haut.

LE MARGRAVE.

Pourquoi?

SAMUEL, avec conviction.

Parceque... je ne l'aime pas.

CHIÈVRES, bas à Charles.

On ne nous a pas trompés. (Haut.) Maître Didier lui préférerait peut-être son rival, le roi d'Espagne?

SAMUEL.

Je le préférerais, d'abord parcequ'il est son rival.

SLEIDANN, se récriant.

Le roi d'Espagne?... un enfant de dix-neuf ans... que personne ne connaît !

LE MARGRAVE.

Au fait, il n'est jamais sorti de ses Pays-Bas, notre cousin Charles?

CHIÈVRES.

Pardon, monseigneur... une fois... pour aller en Espagne se faire couronner roi.

LE MARGRAVE.

Il a trouvé que cela valait la peine de se déranger. Mais enfin, que fait-il, que veut-il ?... Il est sur les rangs comme aspirant à l'empire... je veux bien le croire, puisqu'on le dit ; mais encore faudrait-il connaitre ses intentions. Qu'il ne vienne pas lui-même, je le conçois... puisque les réglements de la Bulle d'or, qui font partie des lois de l'empire, défendent, sous les peines les plus sévères, la présence des concurrents dans la ville libre de Francfort, pendant l'élection... mais il a droit de se faire représenter ici par un ambassadeur... Qu'il en profite donc pour nous apprendre ce qu'il veut faire... Il ne croit pas sans doute que nous donnerons l'empire sans savoir à qui nous le donnons.

CHIÈVRES.

Le roi Charles est un prince jeune, il est vrai,
mais déja sage et réfléchi.

LE MARGRAVE.

Bien.

SAMUEL.

Prudent, à ce qu'on dit.

CHIÈVRES, bas à Charles.

Pas toujours.

LE MARGRAVE.

Bien encore... mais ce n'est pas assez.

SAMUEL.

Riche.

LE MARGRAVE.

Ah !... est-il vraiment bien riche ?

CHIÈVRES.

Comment, monseigneur !... n'a-t-il pas sous sa
domination la Flandre, le pays le plus commerçant, le plus opulent de l'Europe ? Naples,
un des premiers comptoirs de l'Italie? l'Espagne, où viennent s'épancher les trésors du Nou-
veau-Monde?...

LE MARGRAVE.

C'est ce que je me suis dit cent fois : cet
homme-là doit être l'empereur qu'il nous faut;
il est riche, c'est une belle qualité. Feu Maximilien ne l'avait pas cette qualité-là... aussi n'a-t-
il jamais été qu'une moitié d'empereur... un
homme qui est mort sans avoir été sacré par le
pape, parcequ'il n'avait pas de quoi faire le
voyage d'Italie !... c'est honteux !... pour ma
part, je ne veux plus, sur le trône, de ces men-
diants couronnés qui ne pourraient pas même
au besoin payer les dettes d'un vassal ou racheter les domaines engagés d'un feudataire !
et le peuple pense comme moi... et les commerçants aussi, n'est-ce pas, Didier?..

SAMUEL.

Certainement, monseigneur, que le commerce...

LE MARGRAVE.

Je sais que vous êtes de mon avis. (A part.)
Vous n'en seriez pas, que ce serait la même
chose. (Haut.) Nous nous entendons toujours
parfaitement. (Le prenant à part.) Dites-moi,
maitre, mon voyage et mon séjour à Francfort
m'ont entraîné dans quelques dépenses impré-
vues; vous m'obligerez en versant aujourd'hui,
entre les mains du trésorier de mon épargne,
trente mille ducats, dont vous aurez soin de
tirer un reçu.

SAMUEL.

Monseigneur, vous me voyez désolé... mais
les achats assez considérables que j'ai faits au
comptant en Italie... et puis les affaires de mon
gendre futur qu'il m'a fallu liquider à l'improviste... tout cela m'a forcé de mettre dehors ce
que j'avais d'argent comptant.

LE MARGRAVE.

Qu'est-ce à dire, maitre Didier, auriez-vous
peur?...

SAMUEL.

Peur de quoi, monseigneur ?

LE MARGRAVE.

Vous n'êtes pas payé, je pense, pour vous
défier de moi ?

SAMUEL.

Nullement, monseigneur. (A part.) Au fait,
je ne peux pas me plaindre d'être payé pour
quoi que ce soit... il me doit tout.

LE MARGRAVE.

Je sais que j'ai déja chez vous un petit ar-
riéré assez lourd... n'allez pas croire au moins
que je l'oublie. Mais j'ai besoin... entendez-
vous, Didier, j'ai besoin que vous attendiez
encore un peu.

SAMUEL.

Monseigneur, il y a bien long-temps que
j'attends un peu.

LE MARGRAVE.

A la bonne heure... mais nous touchons au
terme ; vous comprenez que l'élection d'un
nouvel empereur est une occasion pour moi...

SAMUEL.

De nouvelles dépenses.

LE MARGRAVE.

Eh non ! de me faire rembourser les an-
ciennes.

SAMUEL.

Rembourser ! par qui ?...

LE MARGRAVE.

Vous ne comprenez pas ?

SAMUEL.

Monseigneur, je ne comprends guères que
les affaires de commerce.

LE MARGRAVE.

C'en est une que celle dont je vous parle.

SAMUEL.

Vous avez donc quelque chose à vendre ?

LE MARGRAVE.

Apparemment.

SAMUEL.

Alors, voyons la marchandise.

LE MARGRAVE.

Inutile... ce n'est pas vous l'acheteur; seulement il se peut que vous fournissiez les fonds.

SAMUEL.

Je ne comprends toujours pas.

LE MARGRAVE, lui montrant Chièvres et Charles
auxquels il fait signe d'approcher.

Ces messieurs vous expliqueront l'affaire plus
au long.

SAMUEL.

Qu'est-ce que ces messieurs ?

CHIÈVRES.

Vander Ruisdal père et fils, de Bruges.

SAMUEL, regardant attentivement Charles.

Monsieur est votre fils ?

CHIÈVRES.

Et mon associé.

SAMUEL.

J'ai vu monsieur autre part qu'à Bruges.

CHIÈVRES.

Cela n'est pas probable.

SAMUEL, à Charles.

Vous n'avez jamais été à Naples ?...

CHIÈVRES, à part.

Il le reconnaît !

CHARLES, très froidement.

Jamais.

SAMUEL, à part.

C'est singulier! (Haut.) Et que viennent faire ces messieurs à Francfort?

LE MARGRAVE.

Ils me sont adressés et recommandés par le roi d'Espagne.

SAMUEL, vivement.

Par le roi d'Espagne?

LE MARGRAVE, bas.

Vous comprenez maintenant à qui s'adressait tout ce que j'ai dit de lui tout-à-l'heure. Je les soupçonne d'avoir ses instructions; mais elles doivent vous concerner, car ils vous demandent un rendez-vous pour demain.

SAMUEL.

A moi?

LE MARGRAVE, de même.

Faites-les causer à fond; nous saurons à quoi nous en tenir sur l'Espagnol, et, par la même occasion, il vous expliqueront ce que tout-à-l'heure je n'ai pu vous faire comprendre.

SAMUEL, étonné.

Ah !

LE MARGRAVE, à Chièvres.

Affaire arrangée, messieurs les Flamands. Maître Didier vous attend demain chez lui à pareille heure. (Bas à Samuel.) Je vous reverrai demain dans la soirée, quand vous aurez vu les Flamands. (Aux autres.) Partons, messieurs.

CHIÈVRES, à Samuel.

A demain.

SAMUEL.

A demain.

(Tous sortent excepté Samuel. Chièvres et Charles tournent à droite; le Margrave et sa suite à gauche.)

SCÈNE VII.

SAMUEL, seul.

Me suis-je trompé? ou bien ce jeune homme à la mine haute et réservée... est-ce réellement?... Je le saurai demain... il aura beau vouloir se renfermer dans un silence prudent, je le ferai parler. Mais pour quel motif s'adresserait-il à moi? pour me jeter dans une intrigue?... Je vous demande quelle figure je ferais une fois sorti de mes livres de commerce.... de mes livraisons au comptant, ou de mes marchés à échéances? Et ce pauvre margrave, où voulait-il en venir?... ce que j'ai pu démê-

ler dans son bavardage, c'est qu'il est, comme à son ordinaire... sans le sou. Oui, mais je suis un peu las des pratiques royales; elles n'ont que deux manières de payer... la première payer mal, la seconde ne pas payer du tout; et l'on préfère généralement la seconde. Ou bien encore, quelques-uns vous engagent leurs biens seigneuriaux, leurs terres... comme, par exemple, monseigneur le comte palatin du Rhin, vicaire de l'empire, dont j'ai en dépôt tous les titres de propriétés; son altesse se fie sur ce que je ne voudrais pas la dépouiller, et s'inquiète fort peu de me rembourser. Décidément, on ne s'enrichit pas au commerce des majestés... ce n'est pas en leur prêtant mes ducats que j'ai amassé les tonnes d'or qui feront la dot de ma fille... Ma fille... ils me la font oublier... (Appelant.) Esther! (A lui-même.) Je ne sais pas même encore quel est cet accident dont a parlé Marguerite.

SCÈNE VIII.

SAMUEL, ESTHER.

ESTHER.

Vous m'appelez, mon père?

SAMUEL.

Eh ! oui , je t'appelle, parcequ'à présent qu'ils sont partis j'ai besoin d'être seul avec toi, j'ai besoin de chercher le repos dans les caresses de mon enfant, l'oubli de mes fatigues dans le sourire de tes lèvres... Allons... viens prendre ta place accoutumée... viens là... près de moi... (il la fait asseoir près de lui.) et donne-moi ton front à baiser... (Il l'embrasse.) Chère enfant!... nous sommes donc enfin réunis pour ne plus nous quitter... car je t'ai promis que ce voyage serait le dernier... Je tiendrai ma promesse; j'ai trop souffert pendant ces trois interminables mois passés loin de ma fille... Sais-tu, Esther, que chaque matin tu étais ma première pensée!... sais-tu que, chaque soir, mes yeux, en se fermant, se mouillaient de larmes parceque tu n'étais pas là? et si quelque chose pouvait me consoler, c'est que dans mes songes je revoyais ton image; nous nous retrouvions ici dans notre vieille maison de Francfort, toi assise à mes côtés, me racontant tes pensées et tes joies de jeune fille, moi te disant à mon tour tous mes projets pour ton bonheur; et le matin, en m'éveillant, j'étais heureux, car dans mes rêves je t'avais vue heureuse.

ESTHER, tristement.

Dans vos rêves !

SAMUEL, gaiment.

Et mes rêves, je l'espère, vont devenir une réalité. Oui, tu seras heureuse... les papas ont pour cela des talismans d'un effet certain;

tenez, mademoiselle... voyez ce qu'on vous
apporte d'Italie. (Il va prendre des bijoux qu'il a
déposés en arrivant*.) Croyez-vous que ce collier
ne fera pas ressortir la blancheur de votre cou?..
et ces bagues ne feront-elles pas bien à vos
doigts?... Mais ce n'est pas tout, ma fille...
tu verras les brillantes soieries... tu verras les
beaux tissus de Perse... et puis enfin, ce qui
éclipse tout... cette parure... tiens, cette parure
qui ferait envie à une princesse!... (Il la lui étale
sous les yeux.) Par exemple, ce cadeau-là n'est
pas de moi... non, c'est le présent de noce de
ton futur.

ESTHER, avec effroi.

Emmanuel!

SAMUEL.

Tu vas le revoir après quatre ans de sépara-
tion, je te le ramène brûlant d'impatience, tout
plein de ses souvenirs de jeunesse, ivre d'a-
mour!... Oh! il t'aime ardemment!... Enfin,
je l'ai vu, lui d'un naturel si impétueux, si
violent... pleurer comme un enfant en parlant
de son amour pour toi... Va, tu seras heureuse
quand tu seras sa femme.

ESTHER, avec saisissement.

Moi! la femme d'Emmanuel!

SAMUEL.

Ne l'as-tu pas accepté pour époux?...

ESTHER, éclatant en sanglots.

Ah! mon père... mon père, pitié... pitié
pour moi... je suis bien malheureuse!...

(Elle va tomber à ses genoux, Samuel la retient.)

SAMUEL.

Malheureuse, dis-tu?... que dois-je penser?..
ces larmes... (La regardant en face.) O mon Dieu!..
cette pâleur... ces traits amaigris... que tout-à-
l'heure, dans l'excès de ma joie, je n'ai pas re-
marqués... Oh! tu as souffert, ma fille... Que
s'est-il donc passé?... Marguerite m'a parlé
d'un malheur, d'un affreux danger... et je ne
sais rien encore!... (Appelant.) Marguerite!...

ESTHER, vivement.

Oh!... ne l'appelez pas!...

SAMUEL.

Mais je veux tout savoir... mais alors tu me
diras tout!...

ESTHER, avec abandon.

Tout, mon père!... Oh! oui, il faut que je
vous ouvre mon âme... il faut que je verse dans
votre cœur tous les secrets du mien!... car j'ai
là, voyez-vous, comme un horrible poids qui
m'étouffe... car je veux vous dire que j'étais une
insensée quand j'ai pu croire que j'aimais Emmanuel... moi qui ne savais pas encore ce que
c'était que l'amour, j'ai pu croire, quand il me
parlait du sien, que je le partageais... que mon
bonheur serait de l'avoir pour époux, jusqu'au
jour où un autre...

* Esther. Samuel

SAMUEL, se levant à demi.

Un autre!

ESTHER, suppliante.

Mon père... mon père, j'ai promis que je
vous dirais tout!... mais pour que j'en aie le
courage, faites, ô mon juge, que je ne lise
pas d'avance ma condamnation dans vos yeux
irrités!...

SAMUEL, avec calme et anxiété.

Parlez, ma fille, parlez; ce n'est pas un juge
c'est toujours votre père qui vous écoute.

(Il se rassied.)

ESTHER, qui est restée debout.

Depuis un mois, mon père était parti. L'empereur venait de mourir, et la Diète des sept
électeurs était convoquée à Francfort. Chaque
jour voyait arriver un des sept princes souve-
rains, chaque jour c'était une fête nouvelle.
On annonça l'entrée de l'électeur Louis, comte
palatin du Rhin, et second vicaire du saint
empire. J'y allai, accompagnée de Marguerite.
La foule était immense, et elle était partout. Il
y eut un moment où, pressées et presque mal-
traitées par toute cette multitude d'Allemands,
d'étrangers, d'artisans et de soldats, les deux
pauvres femmes ne purent se défendre d'un
sentiment de terreur... il échappa même à la
jeune fille un cri perçant!... A ce cri, un jeune
homme, qui défilait alors à la tête d'une com-
pagnie de gens d'armes, s'avance de notre côté, et poussant son cheval jusques sur les pieds
de ces hommes amassés autour de nous :
« Arrière, manants! s'écrie-t-il d'une voix à la
« fois douce et forte; voulez-vous donc écraser
« cette jeune fleur? » Tous s'étaient écartés;
et délivrées comme par enchantement, nous
nous hâtâmes de regagner la maison.

SAMUEL.

Mais Marguerite a parlé d'assassins.

ESTHER.

Huit jours s'étaient à peine écoulés... je n'a-
vais pas revu ce jeune homme, car la frayeur
nous avait confinés à la maison, Marguerite
et moi... Un soir, nous avions veillé un peu
tard... nous parlions de vous; tout-à-coup on
frappe à la porte... « Qui est-là? » dit Marguerite. — « Ouvrez, répond une voix que je
n'avais entendue qu'une fois; c'est un ami qui
vient vous sauver. » et à peine entré : « On en
veut à vos richesses, nous dit-il... (car c'était
lui!...) à vos richesses, et s'il le faut à votre
vie... Tout-à-l'heure, ici près, j'ai tout entendu... Les voici! éteignez la lumière!... j'ai mon
épée! » J'avais à peine soufflé la lampe, que
cette salle basse était envahie par trois bandits
égyptiens... la fenêtre venait d'être enfoncée.

SAMUEL.

O mon Dieu!...

ESTHER.

Rodolphe... il se nomme Rodolphe.. se
précipite au-devant d'eux; d'un seul coup de

son épée, il abat à ses pieds le premier qui se présente; un autre l'attaque, et le troisième se jette sur Marguerite et moi... nous soutenons, contre cet homme, un instant de lutte désespérée... mais déja je sentais la pointe de son poignard... lorsque Rodolphe, s'oubliant lui-même pour ne songer qu'à moi, cesse de se défendre contre son ennemi et vient frapper droit au cœur celui qui m'assassinait!...

SAMUEL.

Brave jeune homme!...

ESTHER.

Le troisième, le seul qui fût encore debout, profite de ce moment pour s'échapper par la fenêtre; mais auparavant il porte par derrière un coup terrible à notre défenseur!... Rodolphe tombe!

SAMUEL.

Grand Dieu!... mort?

ESTHER,

Non, mon père... mais si l'on eût essayé seulement de le transporter, c'était fait de lui.

SAMUEL.

Et vous l'avez gardé, j'espère, et notre maison est devenue la sienne?...

ESTHER.

Hélas! pendant un grand mois nous l'avons soigné, Marguerite et moi, nous l'avons sauvé. Oh! si vous l'aviez entendu me remercier de ce qu'il appelait mon dévoûment! si vous saviez en quels termes s'exprimait sa reconnaissance!...

SAMUEL, avec beaucoup de bonté.

Va, ma fille, je sais tout à présent... ce que tu pourrais me dire encore, je le devine... Il parlait de reconnaissance, n'est-ce pas, comme on parle d'amour... et toi tu as aimé celui qui t'avait sauvé la vie, et à qui tu la conservais à ton tour?

ESTHER, les yeux baissés.

Mon père!...

SAMUEL.

Eh bien! ma fille, tu me diras où est ce noble jeune homme à qui je dois le salut de mon enfant; tu me conduiras vers lui, pour qu'à mon tour je lui dise merci, pour que je sache si c'est la main de ma fille qu'il demande pour prix de son dévoûment, pour que je sache si près de lui ma fille doit être heureuse. Où est-il, ce généreux Rodolphe, où est-il?

ESTHER.

Hélas! mon père, je l'ignore; depuis douze jours...

SAMUEL

Eh bien?

ESTHER.

Il est parti.

SAMUEL.

Parti! où allait-il?

ESTHER.

Je n'en sais rien.

SAMUEL.

Qu'a-t-il dit, le jour de son départ?

ESTHER.

Il a disparu sans avoir parlé de départ.

SAMUEL.

Mais depuis ce jour?

ESTHER.

Pas de nouvelles!

SAMUEL.

Pas un mot avant de te quitter... pas une lettre depuis! Oh! tu te trompais, ma fille... sur ton récit, je me trompais aussi.. ce jeune homme ne t'aimait pas, vois-tu... et il n'aura pas eu le courage de te l'avouer... la reconnaissance, le souvenir des bons soins que tu lui a prodigués... tout cela lui aura fermé la bouche; mais il ne t'aimait pas.

ESTHER, le regardant avec égarement.

N'est-ce pas, mon père?... oh! oui... oui, c'est bien cela... il ne m'aimait pas... j'ai pu m'y tromper moi... j'ai pu croire qu'il y avait franchise et vérité là où parlait seulement l'hypocrisie et le mensonge... Mais vous, mon père, oh! vous, à l'instant vous l'avez dit... il me trompait, il ne m'aimait pas!... oh! que faire?... que devenir? la mort, mon Dieu! la mort plutôt que le déshonneur!

SAMUEL, épouvanté.

Ma fille, je ne vous comprends pas.

ESTHER.

Eh quoi!... ces sanglots qui m'étouffent ne vous disent pas tout mon désespoir!... Quoi! sur mon visage désolé vous n'avez pas encore lu ma honte!

SAMUEL, avec une explosion terrible.

Malheureuse!... (Esther tombe à genoux.) Oh! tais-toi... tais-toi!... Et l'infâme a disparu... après t'avoir lâchement abusée... après avoir menti, n'est-ce pas? après t'avoir promis, en échange de ton amour, son amour et son nom... Son nom, quel est-il? (Relevant sa fille.) Esther, tu vas me dire le nom de cet homme... car enfin ce Rodolphe... il a une famille... connais-tu sa famille?

ESTHER, pleurant.

Hélas! mon père, je le connaissais lui... lui seul!...

SAMUEL, furieux.

Et rien... rien! pas un indice!... Oh! je le trouverai!... je mettrai la main sur toi, voleur de nuit, toi qui es venu conserver l'or du banquier, et qui te sauves en emportant l'honneur de sa fille!... oh! malheur, malheur sur toi!...

ESTHER.

Mon père... mon père, vous m'épouvantez... grace!

SAMUEL, avec un geste menaçant.

Grace pour cet homme!... pour cet homme qui a fait de toi une fille perdue!

ESTHER, avec horreur et désespoir.

Oh ! tuez-moi , mon père, tuez-moi... car je ne peux plus vivre ainsi ! (Samuel rappelé à lui par la douleur de sa fille , fait deux pas en arrière et tombe dans un fauteuil , accablé. Esther , comme épuisée elle-même par l'effort qu'elle vient de faire, continue en se soutenant à peine.) ou plutôt non... non... ne souillez pas vos mains du meurtre de votre enfant... laissez faire à ma douleur... voyez... elle m'a bien changée déjà... vous ne devez plus reconnaître votre Esther... attendez, mon père, attendez encore un peu... oh ! le cœur d'une femme ne peut pas supporter long-temps ce que je souffre !

SAMUEL.

Toi mourir !

ESTHER.

Eh ! que faire d'une existence flétrie !... Mon père !... je l'aime encore cet homme... mais j'en prends Dieu à témoin , ce n'est pas la douleur d'avoir perdu son amour... non, mais le souvenir de ma honte... voilà , mon père, voilà ce qui me fait mourir !

SAMUEL , pleurant.

Mais je ne veux pas que tu meures, toi, mon enfant unique et bien aimée !... sans toi que ferais-je sur terre ? Oh ! dis-moi, mon Esther, dis-moi que tu veux vivre encore...

ESTHER.

Eh bien ! mon père , eh bien ! s'il est vrai que je suis la consolation, la joie de votre vieillesse , faites au moins que je n'en sois pas l'opprobre !... oh !... si vous voulez me rattacher encore à la vie, faites, mon père, que l'honneur me soit rendu !... Oui, je le sens là, je vivrai, mon père, pourvu que je puisse vivre sans rougir !...

SAMUEL.

Oui, mon enfant, oui , je te le promets , réparation te sera faite... oui, nous trouverons cet homme ! fallût-il pour cela prodiguer tout l'or que j'amassais pour ton bonheur, je te le jure, cet homme qui tient entre ses mains ton honneur et ta vie , cet homme-là sera ton époux !...

ESTHER , avec effroi , en apercevant Emmanuel qui entre.

Emmanuel !...

SCÈNE IX.

LES MÊMES, EMMANUEL.

EMMANUEL.

Mon père , je quitte à l'instant le comte palatin ; c'est vous qu'il veut voir aujourd'hui même.

SAMUEL , frappé d'un souvenir.

Le comte palatin !

EMMANUEL.

Une litière aux armes du prince vous attend en bas.

SAMUEL , à Esther.

Esther, c'est à la suite du palatin, n'est-ce pas, que marchaient les gens d'armes de Rodolphe ?

ESTHER.

Oui , mon père.

SAMUEL.

Allez, ma fille, mettez votre voile et tenez-vous prête à me suivre ; nous nous rendrons tous deux à l'invitation du prince.

(Il fait rentrer Esther à gauche.)

EMMANUEL.

Mon père, ne permettez-vous pas que je salue ma fiancée ?

SAMUEL.

Emmanuel, ma fille ne peut être à vous.

EMMANUEL.

Que dites-vous ? n'ai-je pas votre parole ?

SAMUEL.

Oubliez ma parole... car je vous le répète , ma fille ne peut être à vous.

EMMANUEL.

Pourquoi ?

SAMUEL , à part.

Révéler sa honte.... jamais ! (Haut.) Plus tard, Emmanuel, vous le saurez.

EMMANUEL , à part.

Plus tard !.... D'où vient ce changement ?.... se jouerait-on de moi !..

SAMUEL, qui s'est approché d'un bureau où il a pris une liasse de papiers.

Le Palatin me livrera le coupable, ou je le dépouille de son palatinat, et je fais du vicaire de l'empire un mendiant !

ACTE SECOND.

Le théâtre représente un petit salon à l'hôtel du comte palatin.

SCÈNE I.

BONNIVET, UN GENTILHOMME.

BONNIVET.

Monsieur le gentilhomme , annoncez l'amiral Bonnivet.

LE GENTILHOMME.

Son altesse est enfermée ; elle n'est pas seule.

BONNIVET , à lui-même.

J'attendrai. (Le gentilhomme se retire au fond.) L'amiral Bonnivet, l'ambassadeur du roi de

France, faire antichambre chez un petit prince Allemand... le comte palatin du Rhin !... un de ces roitelets près desquels, en temps ordinaire, le roi mon maître n'envoie pas même un chargé d'affaires. Bonnivet, mon ami, un homme d'état, un diplomate surtout doit savoir faire à propos un sacrifice d'amour-propre comme un sacrifice d'argent ; ayez donc de la complaisance et des adulations au service de toutes les vanités, comme aussi au service de toutes les cupidités des bons à payer et des écus de France. Ainsi fais-je, pardieu !... c'est incalculable ce que je dépense ici de patience et d'argent !... Je mène grand train les quatre cent mille écus du roi.... Espérons que Dieu, mon adresse et la vénalité y aidant un peu, nous arriverons à faire du roi de France un empereur d'Allemagne, de François premier Charlemagne ! Je serais curieux de savoir ce que nous oppose notre fameux rival, le roi d'Espagne ; il me fait l'effet d'un homme qui bat en retraite. Ses marchands d'Anvers lui auront sans doute refusé l'argent promis.... il doit être cruellement embarrassé ! pendant ce temps-là, je gagne du terrain. Décidément les bons Allemands ne sont pas forts. Je m'étais d'abord fait un monstre de ce que j'entreprenais... mais je les joue sous jambe. Il suffit de connaître le côté faible de chacun ; celui-ci, par exemple... le comte palatin du Rhin... second vicaire de l'empire.... un ambitieux.... voilà tout ; un homme qui n'a qu'un desir, c'est d'arriver à réunir sous sa seule dépendance les deux grands cercles du haut et du bas Palatinat. Flattons sa manie..... promettons tout... on tiendra ce qu'on pourra. (Prenant une plume et du papier.) Au lieu de rester à ne rien faire, annonçons-lui ma visite par deux mots.. deux mots seulement, mais qui le flatteront. (Écrivant.) « Je reçois l'assurance du Roi mon « maître... » (Parlé.) Un petit mensonge diplomatique... ça coûte si peu, et ça rapporte tant !

(Il continue d'écrire. Le Margrave entre de la droite.)

SCÈNE II.

LE MARGRAVE, BONNIVET.

LE MARGRAVE, sans voir Bonnivet.

Quelle peut être l'intention de mon cousin le Palatin ?... d'où peut venir sa générosité ? il m'ouvre sa bourse... j'ai commencé par accepter... et il s'engage à m'ouvrir celle de Didier... de mieux en mieux, car je ne crois pas à la géne momentanée du vieux financier. Mais enfin, pourquoi le Palatin veut-il pouvoir compter sur moi ?... serait-il l'agent secret du roi d'Espagne ?.... tant mieux encore !.... celui-là est mon homme, si ce qu'on dit de sa richesse...

BONNIVET, appelant.

Monsieur le gentilhomme !...

(Le gentilhomme s'approche. Bonnivet lui remet un papier ; le gentilhomme sort par la droite.)

LE MARGRAVE, apercevant Bonnivet.

Ah ! diable ! le ministre français... encore un homme très aimable... toujours offrant, toujours donnant.

BONNIVET, se levant.

Monseigneur... (A part.) Autre jeu avec celui-là ; des promesses sonnantes et des flatteries monnoyées.

LE MARGRAVE.

Bonjour, amiral ; votre fête d'hier était toute française... c'est-à-dire charmante.

BONNIVET.

Je suis heureux que votre altesse...

LE MARGRAVE.

Par exemple un peu ruineuse.

BONNIVET.

Pour moi ?...

LE MARGRAVE.

Non, pour ceux qui ont joué.

BONNIVET.

Ce n'est pas, je pense, l'avis de madame la Margrave ?

LE MARGRAVE.

Si, vraiment !

BONNIVET.

J'ai suivi jusqu'à deux heures du matin le jeu de la princesse... une veine admirable !...

LE MARGRAVE.

Oui, mon ami, mais de deux heures à cinq, quelle décadence !...

BONNIVET.

En vérité ?

LE MARGRAVE.

Dix mille ducats, mon cher, dix mille...

BONNIVET.

Que vous avez payés ?

LE MARGRAVE.

Que je voudrais payer... mais je suis dans une gêne...

BONNIVET, à part.

Diable ! diable !... mais il me revient bien cher celui-là.

LE MARGRAVE.

On ne peut pas non plus mettre toujours ses amis à contribution... on a beau leur être dévoué... comme ils vous le sont eux-mêmes.

BONNIVET, à part.

Ah ! à la bonne heure !... il devient raisonnable.

LE MARGRAVE.

Heureusement on parle d'un banquier flamand, arrivé ici depuis quelques jours, avec de grosses sommes d'argent qu'il vient mettre à la disposition de la haute noblesse.

BONNIVET.

Un Flamand ?

LE MARGRAVE.

Vander Ruysdal, de Bruges.

BONNIVET, à part.

Un Flamand !.. c'est pour le roi d'Espagne...
Diable ! n'attendons pas qu'il m'enlève cette
voix-là.

LE MARGRAVE.

Adieu, cher amiral, je cours chez mon
Brugeois.

BONNIVET.

Que dites-vous là, monseigneur ?... puiser
autre part que dans ma bourse...

LE MARGRAVE.

Mais ça doit vous gêner... votre bourse est
celle d'un simple gentilhomme.

BONNIVET.

Dans la bourse du roi mon maître.... car
c'est la signature de votre cousin le roi de
France, que je vous prie d'accepter.

(Il lui présente un bon.)

LE MARGRAVE, le prenant.

De souverain à souverain, mes scrupules
disparaissent : mon cousin François de Valois
sait combien je lui suis dévoué !

BONNIVET.

Il peut compter sur monseigneur ?

LE MARGRAVE.

A la vie, à la mort. (A part.) Sur cette si-
gnature-là, j'aurai chez Didier de l'argent
comptant.

BONNIVET.

Que votre altesse me permette de réclamer
d'elle un premier service ?

LE MARGRAVE.

Parlez.

BONNIVET.

Dans huit jours... c'est le 28 juin, le grand
jour, celui de l'élection... je voudrais donner,
ce jour-là, une fête plus magnifique que tout ce
que nous avons fait.... un bal masqué.... à la
vénitienne. J'ai rapporté cela d'Italie... Monseigneur veut-il pour cette nuit-là me prêter
son palais ?

LE MARGRAVE.

Volontiers .. mais je n'ai à Francfort qu'un
palais... de louage ; rien de ce qu'il faut...

BONNIVET.

Oh ! cela me regarde ; je vous demande
seulement la permission de dépenser chez vous,
cette nuit-là, quinze à vingt mille écus de
France ; la fête sera censée donnée par vous,
et croyez qu'elle vous fera honneur.

LE MARGRAVE.

Liberté entière, cher amiral... ma maison
est la vôtre.

BONNIVET.

Et je compte toujours que votre altesse ne
me fera jamais l'injure d'avoir recours aux
Flamands ?

LE MARGRAVE.

Jamais, mon cher ! (A part.) Je saurai chez

Didier si c'est pour le roi d'Espagne que le Palatin agit... et ce qu'on pourrait attendre de ce
côté-là. (Haut, en s'en allant.) A vous, amiral,
toujours à vous.

(Il sort par le fond. — Bonnivet salue profondément.)

SCÈNE III.

LE GENTILHOMME, BONNIVET ; puis LE PALATIN.

BONNIVET.

Oh ! oui, celui-là est bien à moi ! je voudrais
être sûr de mes quatre voix, comme je le suis
de la sienne et de celle du Palatin !... Ah ! l'on
vient pour m'introduire... mon courrier a pro-
duit son effet.

LE GENTILHOMME, entrant.

Son altesse électorale présente à monsieur
l'ambassadeur l'expression de ses regrets ; une
affaire de haute justice empêchera monseigneur
de recevoir aujourd'hui monsieur l'amiral.

BONNIVET, un moment interdit.

Ah !... au fait je n'ai rien de bien pressé à lui
dire... je suis sûr de lui. Courons chez l'archevêque de Cologne... et de là un tour chez le
banquier Didier... car ma bourse se vide.

(A peine Bonnivet est-il parti que le Palatin entre par la
porte de droite : il fait quelques pas vers la porte du
fond par où est sorti Bonnivet, puis il s'arrête, et dit
en souriant :)

LE PALATIN.

Pauvre fou ! l'aplomb, la confiance, la naïveté
d'un Français ! de l'esprit sans doute, mais pas
l'ombre du calcul... où diable a-t-on imaginé de
faire de ça un homme d'État ? (Au gentilhomme.)
Le marchand est arrivé ?

LE GENTILHOMME.

Il attend.

LE PALATIN.

Qu'il entre... et personne pour nous inter-
rompre. (Le Gentilhomme sort.) Relisons les offres
de Bonnivet. (Lisant le papier que Bonnivet lui a
fait remettre.) « Je reçois l'assurance du roi
« mon maître, que le premier acte de son avé-
« nement à l'empire sera la réunion en un seul
« électorat de tous les pays compris sous la
« double dénomination de cercle du Haut et du
« Bas - Rhin, et cet électorat sera la propriété
« du comte palatin. » Bien obligé, cher amiral,
il me faut mieux que cela ; il me faut ce que le
roi votre maître ne peut me donner ; le marchand Didier le peut, et il me le donnera.

SCÈNE IV.

LE PALATIN, SAMUEL.

LE PALATIN.

Approchez, monsieur Didier, et asseyez-
vous.

SAMUEL, fléchissant le genou.

Justice, monseigneur, justice... Pendant la vacance du trône impérial, c'est vous et monseigneur de Saxe qui êtes chargés, comme vicaires de l'empire, de faire respecter les droits de chacun... Je viens vous demander justice !

LE PALATIN.

Relevez-vous : c'est pour vous la rendre que je vous ai mandé près de moi.

SAMUEL.

Quoi ! vous savez déjà...

LE PALATIN.

Qu'un homme a profité de votre absence pour se faire aimer de votre fille.

SAMUEL.

Pour la déshonorer !.. et puis il l'a abandonnée en proie à la honte, au désespoir... Il a disparu !

LE PALATIN.

Par mon ordre.

SAMUEL.

C'est vous ..

LE PALATIN.

Moi qui l'ai fait enlever.

SAMUEL.

Vous, monseigneur ! Ah ! vous me rendrez ma fille, vous la sauverez, n'est-ce pas ?... Vous forcerez cet homme à lui faire réparation !

LE PALATIN

Ne vous l'ai-je pas dit déjà ? c'est pour l'obtenir que vous êtes ici. Voyons, maintenant, qu'exigez-vous ?

SAMUEL.

Que cet homme soit l'époux de ma fille.

LE PALATIN.

Son époux !.... mais vous n'avez donc pas réfléchi, Didier, que ce jeune homme pouvait appartenir à une noble famille ? Et c'est en effet ce qui arrive : celui que vous voulez pour gendre est un des premiers gentilshommes de ma cour et de l'Allemagne, et je doute qu'il veuille épouser la fille d'un marchand.

SAMUEL.

C'est pourtant ce qu'il a juré de faire. Et, tout en ignorant la naissance et le nom du grand seigneur, la fille du marchand avait encore trop haute idée de sa noblesse, car elle a cru qu'il était assez noble pour ne pas manquer à son serment !

LE PALATIN.

La parole d'un gentilhomme est sacrée, en effet ; et si ce jeune homme... que je connais... a donné la sienne, il l'a donnée avec la ferme volonté de la tenir. Mais, au-dessus de sa volonté de vingt ans, il en est une plus forte, et dont il vous sera bien difficile de triompher, celle de nobles parents, celle d'un père surtout, trop fier peut-être de sa naissance et de son haut rang, pour consentir à une mésalliance.

SAMUEL, brusquement.

Mais s'il est noble, je suis riche !... et d'une richesse telle, qu'on trouverait sans doute plus facilement dix nobles comme lui qu'un riche comme moi.

LE PALATIN, souriant.

Je crois, ainsi que vous, que cette compensation en vaut bien une autre. J'ajouterai même, qu'aidé de la haute influence que j'exerce, comme souverain, sur toute cette famille, je me ferais fort de l'amener à comprendre et les avantages et la nécessité d'une alliance avec maître Didier, si une fois j'en avais pris, avec maître Didier, l'engagement solennel.

SAMUEL.

Eh bien! cet engagement, altesse, maître Didier vous supplie de le prendre à telles conditions qu'il vous plaira d'imposer.

LE PALATIN.

Des conditions ! Eh! vraiment, maître, je ne peux imposer... je ne veux exiger rien ; vous concevez que dans cette affaire tout doit dépendre de vous.

SAMUEL, qui l'a observé pendant qu'il parlait.

De moi ?

LE PALATIN, appuyant.

De vous... seul *.

SAMUEL.

Soit donc, altesse... Je crois vous comprendre, et je vais droit au but : pas de demi-parole, monseigneur; mettez tout de suite votre pensée à nu devant moi, comme j'ai mis devant vous mon cœur à découvert... Il dépend de moi, dites-vous, que vous fassiez tout pour m'obtenir réparation ?... Bien. Cela veut dire, n'est-ce pas, que tous vos efforts pour arriver à ce but seront autant de sacrifices faits par vous au seul desir de m'être agréable ; cela veut dire aussi que le marchand Didier, le plus opulent financier de l'Europe, est assez riche pour payer, et bien payer, ce qu'on fait pour lui ; cela veut dire encore que le comte palatin du Rhin, dont tous les biens sont grevés de lourdes hypothèques ; qui a même aliéné déja une partie de son patrimoine ; qui, chaque jour, peut se voir dépouillé, exproprié de ce qui lui reste encore, puisque tous ses titres de propriété servent de gages à ses créanciers, ou, pour mieux dire, à son créancier, car il n'en a plus qu'un, c'est le marchand Didier, et le prince le sait; que le comte Palatin, dis-je, est dans cette position où un homme ne fait rien pour rien..... Ai-je bien compris, altesse, tout ce que signifient vos paroles ?

LE PALATIN, froidement.

Continuez.

SAMUEL.

A cela, monseigneur, le marchand répond que le raisonnement du prince est juste... non pas juste comme un des dix commandements de Dieu, mais juste comme une addition ; et, en

* Samuel, le Palatin.

sa qualité de marchand, il l'accepte et dit au prince : En échange de l'honneur que vous ferez rendre à ma fille et à mon nom, je vous rendrai, moi, toute votre fortune ; est-ce marché conclu, ou combien vous faut-il en sus ?

LE PALATIN le regarde un moment en face, et lui dit :

J'aime ta franchise, Didier.

SAMUEL, froidement.

Mais vous trouvez qu'elle n'offre pas assez ?

LE PALATIN.

C'est vrai.

SAMUEL.

C'est que ma franchise ne sait pas encore au juste quel est le prix de la vôtre.

LE PALATIN.

C'est encore vrai.

SAMUEL.

Dites hardiment votre dernier mot, monseigneur ; vous tenez le père, le marchand ne lésinera pas.

LE PALATIN.

Tu m'offres de refaire de moi un comte palatin, car je ne le suis plus, je ne suis plus que ton débiteur ; tu me rendras, n'est-ce pas, mes évêchés de Bâle, de Strasbourg et de Worms ; mes abbayes de Fuldes et de Munster ; mes bonnes villes de Manheim, de Frankendal et de Heidelberg ? Et moi, je te réponds : Tout cela est beaucoup, comparé au peu qui me reste, mais cela n'est pas assez pour moi ; mais cela n'est rien à côté de ce que je veux être, de ce que toi, Didier, tu peux faire que je sois.

SAMUEL.

Que voulez-vous donc, monseigneur ?

LE PALATIN, fièrement.

Je veux être empereur d'Occident.

SAMUEL, stupéfait.

Empereur !

LE PALATIN.

Ne me crois-tu pas de force à porter le sceptre ?

SAMUEL.

Oh ! ce n'est pas là, monseigneur, ce que je discute... Je vous crois la tête et le bras assez forts pour gouverner un empire ; mais que, voulant devenir empereur, ce soit à moi que vous vous adressiez ; mais que moi, simple et chétif marchand, je puisse vous donner un trône, voilà, je l'avoue, ce que je ne puis comprendre...

LE PALATIN.

Et pourtant, ce pouvoir qui t'étonne et que tu ignores, il est dans tes mains.

SAMUEL.

Dans mes mains, altesse !... mais quelle puissance me supposez-vous donc ?

LE PALATIN.

La plus forte de toutes... celle de l'or.

SAMUEL, étonné.

Et vous croyez qu'avec de l'or on peut...

LE PALATIN.

On peut ce qu'on veut. Ta fortune, quelle est-elle ?

SAMUEL.

Est-ce qu'il est indispensable que vous le sachiez ?

LE PALATIN.

Tu refuses de me la faire connaître ?

SAMUEL.

Par une excellente raison... je ne la connais pas moi-même.

LE PALATIN.

Bien !... Tu possèdes au moins dix fois ce que je possédais ?

SAMUEL, avec complaisance.

Oh ! j'en possède bien vingt fois autant... et cinquante... et cent fois encore avec.

LE PALATIN, avec joie et avec feu.

Bien ! bien !... nous achetons le collége électoral.

SAMUEL.

Le collége !

LE PALATIN.

Oui, comprends-tu ?... Les voix des électeurs, nous les achetons, nous les payons toutes !... A l'un, nous donnons des châteaux... à l'autre, une province... Celui-ci est duc, nous le faisons roi ; celui-là archevêque, nous le faisons pape...

SAMUEL.

Mais, monseigneur, ils sont trois archevêques... nous ne ferons pas trois papes.

LE PALATIN, sans l'écouter.

Pour tout cela, que faut-il ?... de l'or, beaucoup d'or...

SAMUEL, étourdi d'abord, puis réfléchissant.

Pardon, monseigneur, pardon... permettez que je ressaisisse le fil de mes idées ; tout ce que vous me dites est quelque chose de si nouveau pour moi !... et cependant je conçois que cela puisse être vrai... Oui... oui, avec de l'or, on doit tout faire... et assurément j'en ai beaucoup... j'en ai... (S'arrêtant.) Ah ! il y a seulement le cas où quelqu'un en aurait plus que moi, quelqu'un... des concurrents.

LE PALATIN.

Impossible ! les concurrents ne sont pas à craindre : les prétentions de Henri d'Angleterre ne sauraient être sérieuses ; le jeune roi Charles est à peine assis sur son nouveau trône d'Espagne, et d'ailleurs, son grand-père Maximilien a vainement essayé, de son vivant, de le faire élire roi des Romains ! quant au Valois, il n'a pas un écu à son service, sa conquête du Milanez l'a ruiné. Vous le voyez, mon cher, toutes les chances sont pour votre protégé ; à vous la gloire de faire un empereur !

SAMUEL.

Et ma fille ? Sauverez-vous ma fille ?...

LE PALATIN.

Votre fille devient l'épouse de l'homme qu'elle aime... quels que soient le nom, le rang, la famille de cet homme, car telle sera ma volonté... la volonté de l'empereur! A mon tour, c'est moi qui vous dis : « Est-ce marché conclu? »

(Il lui tend la main.)

SAMUEL, la touchant.

Altesse, j'ai touché votre main ; entre nous autres marchands, c'est parole donnée. Que dois-je faire?

LE PALATIN.

A moi les premières démarches... les premières sollicitations auprès des électeurs ; à vous le soin d'en finir avec eux ; à vous les offres à faire, les conditions à régler. Aujourd'hui même vous en verrez un... c'est cet excellent Margrave, à qui j'ai dit de passer chez vous ; vous savez mieux que moi comment le prendre ; d'ailleurs il est tout préparé, je vous l'abandonne. Inutile de vous dire que, dès aujourd'hui, rupture complète avec nos ennemis ; porte et bourse fermées au Bonnivet, aux Flamands et aux autres. Adieu! jour par jour, heure par heure, tenez-moi au courant de ce que vous ferez ; et songez que tout ce que vous ferez pour ma gloire, vous le ferez pour l'honneur de votre fille.

SAMUEL.

Un mot encore, altesse : le nom de l'homme que vous promettez de me donner pour gendre?

LE PALATIN.

C'est un secret que le comte palatin doit tenir caché, mais que vous apprendrez de la bouche de l'empereur.

(Il va pour sortir.)

SAMUEL, l'arrêtant d'un geste.

De la bouche de l'empereur?... Mais, quand vous serez empereur, altesse, c'est que le marchand aura fait avec son or tout ce qu'il faut pour cela ; et s'il vous plaisait alors de refuser au marchand...

LE PALATIN.

De la défiance!... Eh bien! pour que vous ne fassiez aucun doute de ma franchise et de ma loyauté, je vous engage ici ma parole de souverain, qu'avant la fin de la journée vous connaîtrez le futur époux de votre fille.

(Il sort par la droite.)

SCÈNE V.

SAMUEL, seul.

Est-ce un rêve?... Suis-je bien éveillé?.. Est-ce bien moi qui parlais tout-à-l'heure?... et que viens-je de promettre? J'ai promis à cet homme de lui donner l'empire!... Eh! mais, par Abraham!... je suis donc quelque chose sur terre, moi? Samuel le juif, Samuel le mécréant, Samuel le banni va faire un empereur! Il donne un maître au monde, lui qui, pour obtenir un coin de terre où on lui permît de vivre, a dû changer son nom, mentir à son Dieu, se renier lui-même! Ah! j'étais donc bien inspiré quand je me disais : Soyons riche! Je ne me trompais donc pas quand je pensais, en contemplant mon Esther : Elle n'a ni rang ni noblesse, elle est d'une race proscrite et méprisée ; qu'elle ait de l'or, l'or fait tout pardonner... l'or la fera grande, noble, respectée comme la fille d'un baron du saint empire!... Chère enfant!... ici près elle m'attend... oh! j'ai hâte de lui porter une parole de consolation. (Il va pour sortir, puis s'arrêtant.) Mais ce Palatin est-il de bonne foi?... je le connais... ambitieux à l'excès... n'ayant rien de sacré... capable de tout immoler à son intérêt. Oui, mais ici son intérêt veut qu'il soit sincère, et qu'il tienne ce qu'il a promis. Nous verrons bien : aujourd'hui même, a-t-il dit, je connaîtrai cet homme, et cet homme, il me l'a avoué, est un des premiers de sa cour... Oh! je suis impatient....

(Il demeure absorbé dans ses réflexions; Rodolphe entre vivement du fond ; un gentilhomme du Palatin le suit.)

SCÈNE VI.

RODOLPHE, UN GENTILHOMME, SAMUEL.

RODOLPHE.

Libre! je suis libre enfin!... (Au gentilhomme.) Et c'est monseigneur qui en a donné l'ordre?

LE GENTILHOMME.

Il n'y a qu'un instant. Monseigneur le Palatin a de plus ajouté qu'il désire, en sortant tout-à-l'heure, retrouver ici votre altesse.

RODOLPHE.

C'est bien. Je vais attendre ici.

(Le gentilhomme sort.)

SAMUEL, à part, sans voir Rodolphe.

Il m'en coûte de retourner vers ma fille sans pouvoir lui dire au moins : « Son nom, Esther, je sais son nom! »

RODOLPHE, regardant Samuel.

Que vois-je!... est-ce une illusion?

SAMUEL, l'apercevant, à part.

Quelqu'un! si j'osais interroger...

RODOLPHE, de même.

Non... je ne me trompe pas... c'est lui!

SAMUEL.

Suis-je connu de vous, jeune homme?

RODOLPHE.

Si je le connais! lui qui a sauvé ma jeunesse, qui m'a rendu à ma mère!

SAMUEL.

Je ne me souviens pas...

RODOLPHE.

Oh! je m'en souviens, moi... Vous avez pu m'oublier, car je suis homme aujourd'hui, et mes traits alors n'étaient que ceux d'un enfant; mais l'enfant a conservé dans son cœur l'image du vieillard...

SAMUEL.

Expliquez-vous!...

RODOLPHE.

Il y a dix ans, un homme, qui aujourd'hui encore est une puissance en Allemagne, François Sickinghen était déja redoutable comme chef d'aventuriers. Aujourd'hui il est à la tête d'un corps franc, à cette époque il commandait une bande de pillards. Cet homme venait d'incendier et de mettre à contribution toute une province du Palatinat, et il traînait prisonniers à sa suite plusieurs enfants pauvres, dont les parents n'avaient pu payer la rançon : j'étais au nombre de ces enfants.

SAMUEL.

Serait-ce vous dont la mère, qui habitait aux environs de Heidelberg, avait suivi le ravisseur de son fils jusqu'aux portes de Francfort?

RODOLPHE.

Est-ce vous, homme généreux, qui, voyant les larmes de l'enfant et le désespoir de la mère, avez payé de votre bourse les quatre mille florins exigés pour ma rançon! Oh! depuis ce temps, mon bienfaiteur, que de fois j'ai pensé à vous! Mais, ne vous trouvant nulle part, ne retrouvant non plus chez aucun homme cette générosité si rare dont vous aviez ébloui mes regards d'enfant, j'avais fini par douter que vous fussiez un homme; par me dire que mon bon ange était une fois descendu sur terre pour me sauver, et puis était remonté au ciel!

SAMUEL, lui prenant les mains.

Excellent jeune homme!... Et, depuis, qu'êtes-vous devenu? La fortune vous a souri, n'est-ce pas? vous êtes heureux?

RODOLPHE.

Heureux!... je devrais l'être... car je suis riche, je suis prince.

SAMUEL.

Prince!

RODOLPHE.

Cela doit vous surprendre, en effet, vous qui m'avez connu pauvre et sans appui. Ma naissance... je l'avoue aujourd'hui que mes paroles ne peuvent plus faire rougir ma mère, ma naissance fut le fruit d'une faute, le secret m'en fut révélé par ma mère à son lit de mort; et c'est quelques jours après, lorsque j'aurais pu me croire orphelin, que, légitimé et reconnu par mon père, je fus déclaré héritier présomptif du comte palatin du Rhin.

SAMUEL.

Le comte palatin est votre père?

RODOLPHE.

Et je vous prie, mon excellent et vieil ami, de ne pas m'épargner auprès de mon père. Avez-vous quelque demande à faire, quelque grace à solliciter? Fournissez-moi l'occasion de vous rendre service, faites que je vous sois bon à quelque chose.

SAMUEL.

Votre altesse me tente...

RODOLPHE.

Oh! pas d'altesse entre nous deux... Appelez-moi toujours votre ami.

SAMUEL.

Eh bien donc, mon jeune ami, dites-moi... vous serait-il possible de me montrer réunis ensemble tous les gentilshommes composant la maison de monseigneur le Palatin?

RODOLPHE.

Voici l'heure où tous se rassemblent dans la galerie voisine; si vous voulez m'y suivre...

SAMUEL.

Je voudrais ne pas vous y accompagner seul : ici près, une jeune fille m'attend; si vous le permettez...

RODOLPHE.

Je vous l'ai dit, je suis tout à vos ordres.

SAMUEL.

S'il est parmi eux, Esther le reconnaîtra!

(Il sort rapidement par la gauche.)

RODOLPHE, un moment seul.

Quel est son dessein?... ce ne peut-être seulement un motif de curiosité. (Regardant à gauche.) Il revient... la dame est voilée!... quel mystère!

∞∞∞

SCÈNE VII.

RODOLPHE, SAMUEL; ESTHER, voilée.

SAMUEL.

Viens, ma fille, tu vas le voir; prends la main de ce gentilhomme.

ESTHER, reconnaissant Rodolphe.

Ciel !

SAMUEL.

Qu'as-tu, mon enfant?

ESTHER, bas à son père.

C'est lui... c'est Rodolphe!...

SAMUEL.

Rodolphe!... l'ai-je bien entendu?... Quoi! vous êtes...

RODOLPHE.

Je suis Rodolphe, comte de Heidelberg. Qu'avez-vous, mon ami?... pourquoi cette colère en entendant mon nom?... qu'a pu vous dire cette jeune fille?

SAMUEL.

Vous voulez savoir ce qu'elle m'a dit?... Elle

m'a dit que le prince Rodolphe, qui reconnaît,
après dix ans, le visage de qui l'a sauvé, ne reconnaît pas, après douze jours, la voix de celle
qu'il a déshonorée !

(Il arrache le voile de sa fille.)

RODOLPHE.

Que vois-je ?... Esther ici !... en croirai-je mes
yeux ?...

SAMUEL.

Ah ! oui, demandez à vos yeux s'ils ne vous
trompent pas... demandez-leur si c'est bien là
cette Esther, votre victime... cette femme si
fraîche et si belle, quand vos regards ont, pour
la première fois, rencontré ses regards ; vous
avez peine à la reconnaître, n'est-ce pas... aujourd'hui que vous la revoyez pâle et mourante ?
comte de Heidelberg, voilà votre ouvrage !...
Tout-à-l'heure, à cette même place, votre altesse a daigné se souvenir et me remercier de ce
qu'a fait jadis pour elle ma générosité ; à mon
tour, prince, de vous remercier aujourd'hui de
ce que fait pour moi votre reconnaissance.

RODOLPHE, *fléchissant le genou.*

Oh ! pardon !... pardon !...

SAMUEL.

Je vous ai donné la liberté, je vous ai rendu
à votre mère ; et vous, pour prix de ce que
j'ai fait, vous avez flétri, assassiné ma fille...
oui, assassiné !... car c'est votre trahison, c'est
votre lâche abandon qui la tue !...

RODOLPHE.

Moi, l'abandonner !... oh ! cette perfidie je
n'en suis pas coupable ; je le jure par tout ce
qu'il y a de sacré au monde, par le souvenir
de ce que vous avez fait pour mon enfance !
Si depuis douze jours j'ai disparu, ce n'est
pas que je sois devenu parjure à mon amour,
à mes serments ; non... c'est qu'il y a douze
jours, à l'improviste, sur un ordre de mon
père, je me suis vu enlevé, enfermé ici, gardé
à vue... Que je meure si je mens d'un mot !

ESTHER, *à part.*

Que dit-il ?...

SAMUEL, *à part.*

En effet... par son ordre, a dit le Palatin.
(Haut.) Et vous l'aimez ?...

RODOLPHE.

Si je l'aime ! elle à qui j'ai promis, à qui je
jure encore de donner le nom d'épouse !...

ESTHER, *à part.*

Son épouse !... ô mon Dieu ! avez-vous donc
pitié de moi ?...

RODOLPHE.

Esther, un mot... un seul mot de votre bouche... daignez dire à votre père que vous vous
souvenez de mes serments, que vous vous en
souvenez pour y croire !...Quand vous les avez
reçus, vous ne doutiez pas de ma sincérité, eh
bien ! aujourd'hui que je vous revois, c'est en-

ccre pour jurer que mon bonheur, que ma
gloire seraient de mettre le monde à vos pieds !

ESTHER, *à Samuel.*

Mon père !...

SAMUEL.

Oui, ma fille, oui, c'est à ton père de répondre : Rodolphe, j'essaierais en vain de ne pas
croire à vos paroles ; non, je ne puis garder
contre vous ni colère, ni défiance : cet air de
franchise et de loyauté qui m'attira jadis vers le
pauvre enfant, je le retrouve aujourd'hui sur le
visage de l'enfant devenu homme, du pauvre
devenu prince.

ESTHER.

Un prince... lui ! Rodolphe !

SAMUEL.

Oh ! que ce titre ne t'épouvante pas, ma fille ;
le prince sera le gendre du marchand, car son
père vient de m'en donner sa parole de souverain.

ESTHER.

O bonheur !

RODOLPHE.

Quoi ! mon père vient de consentir ?... Ah !
c'est donc pour cela que tout-à-l'heure il m'a
rendu à la liberté... c'est depuis ce moment
que j'ai reçu l'ordre de venir l'attendre ici.

SAMUEL, *vivement.*

Que dites-vous ? si vous êtes venu ici, c'est
par son ordre ? ce n'est pas le hasard, c'est sa
volonté qui vous envoie vers moi ? ah ! merci,
prince, merci de ce que vous m'apprenez ! Je
rougis de le dire, j'ai honte de l'avouer, un
instant j'ai douté de votre père. Mais puisqu'il
tient si noblement sa parole, puisqu'ainsi qu'il
l'avait dit j'ai pu connaître, avant la fin de cette
journée, le futur époux de ma fille, écoutez-moi :
*(Tirant de son sein les papiers qu'il a pris au premier
acte.)* J'ai là, dans ma main, toute la fortune
de votre père : ces titres, en ce moment, sont à
moi, non plus à lui. Eh bien ! c'est à vous, mon
gendre, que je les confie. *(Il les lui donne.)* Votre
père vous dira ce que j'ai promis de faire pour
lui, en échange de la parole qu'il m'a donnée
que vous seriez l'époux de ma fille ; et quand il
vous aura répété qu'il est prêt à exécuter toutes
les conventions faites entre nous deux, alors
vous lui rendrez, de ma part, toute sa fortune :
c'est le premier gage qu'il aura reçu de la fi-
délité scrupuleuse que je veux apporter à faire
pour lui comme il fera pour moi.

LE GENTILHOMME, *entrant.*

Monseigneur le Palatin.

SAMUEL, *à Rodolphe.*

Cachez ces titres ; je vais prendre congé du
prince : je ne veux pas que, moi présent, il
soit question de cette affaire.

(Rodolphe serre les papiers. — Entre le Palatin.)

SCÈNE VIII.

RODOLPHE, LE PALATIN, SAMUEL, ESTHER.

LE PALATIN.

Je suis aise, maître Didier, de vous voir encore ici... de vous y voir avec le prince Rodolphe.

SAMUEL, avec expression.

Avec le prince Rodolphe... et ma fille.

LE PALATIN.

Fort bien ; vous êtes content, j'espère ?

SAMUEL.

Oui, monseigneur, je pars content... car j'emporte la certitude que je vais travailler au bonheur de mon enfant.

LE PALATIN.

Parlez... vous reste-t-il encore quelque défiance ?

SAMUEL.

Le prince Rodolphe vous dira que non.

LE PALATIN.

Hâtons-nous donc. Je vais voir nos électeurs : l'archevêque de Cologne, d'abord ; demain je vous donnerai de ses nouvelles.

SAMUEL.

Je ferai en sorte, monseigneur, que le margrave de Brandebourg aille vous porter des miennes. Je vous quitte, altesse, pour aller tenir tout ce que j'ai promis.

(Il sort avec Esther.)

SCÈNE IX.

LE PALATIN, RODOLPHE.

LE PALATIN, les regardant aller.

Ah !... c'est là sa fille ?... elle est fort bien.

RODOLPHE.

Un ange, mon père, un ange !... et Didier m'a dit que vous donniez à tout votre approbation ?

LE PALATIN.

Oui, à tout ce qu'il a promis de faire pour ma grandeur future.

RODOLPHE.

Et qu'a-t-il promis ? J'entends qu'il est question entre vous de leurs seigneuries électorales.

LE PALATIN.

Il a promis de changer ma couronne de comte en une couronne impériale.

RODOLPHE.

Vous aspirez à l'empire, monseigneur ?

LE PALATIN.

Didier paiera les frais de mon élection ; je serai empereur d'Allemagne, et vous, prince, vous serez roi des Romains.

RODOLPHE.

Quoi ! c'est un trône que je partagerai avec Esther !... Quoi ! ce sont là, monseigneur, les promesses que vous avez échangées avec son père ?

LE PALATIN, allant s'asseoir à la table à gauche.

Oui... j'ai promis... et j'ai cru voir que le marchand a foi dans mes promesses*?

RODOLPHE, tirant les papiers de son sein.

Pour preuve de son entière confiance, cet homme généreux, en m'appelant son fils...

(Il va présenter les papiers.)

LE PALATIN, souriant.

Son fils !... comment ! déja il vous appelle son fils ? A merveille !

RODOLPHE, avec une réserve soupçonneuse.

Vous souriez, monseigneur ?... Eh quoi ! votre intention... Oh ! non... vous ne voulez pas le tromper ?...

LE PALATIN.

Vous êtes fou... est-ce qu'on trompe ces gens-là ?...

RODOLPHE.

Mais s'il tient la parole qu'il vous a donnée ?...

LE PALATIN.

S'il me fait empereur ?... raison de plus, je pense, pour qu'il me soit impossible de tenir la mienne. Fils unique d'un empereur, vous ne conserveriez pas, j'espère, la ridicule idée d'épouser la fille d'un marchand ?

RODOLPHE, à part.

Oh ! quelle perfidie ! et lui, dont la noble franchise...

LE PALATIN.

Quels papiers tenez-vous là ? (Étendant la main.) Quelque supplique, sans doute, dont vous vous êtes chargé...

RODOLPHE.

Non, mon père... non... des papiers sans importance... un travail relatif... à l'organisation... d'une nouvelle milice... travail incomplet encore... (A part, en les enfermant dans son sein.) Non, je n'ai plus le droit de les rendre... c'est à Didier que je dois les remettre.

LE PALATIN.

Nous verrons ce chef-d'œuvre quand il sera terminé ; continuez à occuper les loisirs de votre solitude. Je vais faire ma cour à nos électeurs ; avant un mois, ils viendront grossir la mienne... et la vôtre aussi, mon fils. (Appelant.) Du monde !

(La porte du fond s'ouvre ; la galerie est remplie de gardes.)

RODOLPHE, à part.

Que je sorte seulement, et Didier saura tout. (Haut.) Monseigneur permet que je l'accompagne ?

____
* Rodolphe, le Palatin.

LE PALATIN, avec intention.

Non, Rodolphe, vous resterez ici. Vous avez vu ce matin maître Didier; cette entrevue ne pouvait que servir mes projets. Mais à présent (avec autorité.), je veux que vous restiez. (A un officier.) Capitaine, rien de changé à votre consigne; que, sous aucun prétexte, le prince ne puisse sortir du palais!

(Il sort par le fond.)

RODOLPHE, à part.

O mon Dieu! la ruine pour mon bienfaiteur... le déshonneur pour mon père... et je ne suis pas libre!   (Il tombe abattu sur un fauteuil.)

ACTE TROISIÈME.

Le théâtre représente un magnifique salon chez Samuel.

SCÈNE I.

EMMANUEL, PLUSIEURS DOMESTIQUES.

(Emmanuel est assis dans un fauteuil; les domestiques sont autour de lui.)

PREMIER DOMESTIQUE.

Je vous répète que vous ne pouvez rester ici.

EMMANUEL.

Et moi, je te répète, valet, que j'entre et demeure ici à toute heure, et tous les jours, selon qu'il me plaît.

PREMIER DOMESTIQUE.

Nous ne sommes au service de maître Didier que d'hier soir, nous ne connaissons que la consigne du jour; elle porte que personne n'entrera au salon avant que le maître y ait paru; on s'inscrit sur une liste dans l'antichambre.

EMMANUEL.

Et depuis quand fait-on antichambre chez le marchand Didier?

PREMIER DOMESTIQUE.

La société n'est pas mauvaise dans l'antichambre; nous avons là... sur notre liste, des ducs et des princes.

EMMANUEL., sans l'écouter.

Et ce vieux salon de famille, d'ordinaire noir et poudreux, le voilà tout luisant... ses dorures gothiques s'étalent au grand jour... sa solitude s'est peuplée de faquins en livrée d'or et d'argent.

PREMIER DOMESTIQUE, en colère.

Décidément, vous sortirez!...

LES AUTRES DOMESTIQUES, faisant un mouvement.

Oui, oui, qu'il sorte!...

EMMANUEL, se levant menaçant.

Hors d'ici, valetaille! ou malheur à quelqu'un de vous.

(Bruit confus de voix. Samuel paraît à gauche; il est richement vêtu.)

SCÈNE II.

LE DOMESTIQUE, SAMUEL, EMMANUEL.

SAMUEL.

D'où vient ce bruit?.. Ah! c'est vous, Emmanuel... Asseyez-vous.

PREMIER DOMESTIQUE.

Maître...

SAMUEL, avec autorité.

Silence!... la liste... (Le domestique la lui donne avec une lettre.) Ces gens-là sont venus hier?

PREMIER DOMESTIQUE.

Et ils reviendront aujourd'hui.

SAMUEL, la parcourant.

L'amiral Bonnivet... je n'y serai pas. Vander Ruysdal de Bruges... je n'y serai pas. Le margrave de Brandebourg... j'y serai. Cette lettre... (il l'ouvre.) du palatin... (Lisant.) « Avis important. J'ai vu l'archevêque de Cologne; les « créanciers de monseigneur font vendre aujour- « d'hui sa magnifique galerie de tableaux. Bon- « nivet a promis de la racheter. Arrivez avant « l'amiral, et l'archevêque est à nous. » Nous arriverons avant le cher amiral qui n'a pas le sou; la preuve c'est qu'il est venu gratter à ma porte. (Continuant de lire.) « Avez-vous vu le « Brandebourgeois?.. » Non, mais je vais le voir. (Lisant.) « Autre nouvelle dont je ne sais pas « ce qu'il faut croire: Le roi d'Espagne serait « incognito à Francfort; si cela était, les lois de « l'empire m'autorisent à le faire enlever. In- « formez-vous, pensez à moi, je pense à votre « fille. » A merveille... (Réfléchissant.) Le roi d'Espagne! en effet, je ne m'étais pas trompé. (Au domestique, en lui rendant la liste.) J'y suis ausi pour messieurs Vander Ruysdal de Bruges. Maintenant avertissez ma fille que je l'attends, et laissez-nous.

(Les domestiques sortent par le fond; le premier entre à droite et reparaît un moment après, suivi d'Esther.)

EMMANUEL, étonné.

Que veut dire tout ceci? (A Samuel.) M'expliquerez-vous et ce que je vois aujourd'hui, et ce que vous m'avez dit hier?

SAMUEL.

Ce que j'ai à te dire, Emmanuel, je te le dirai en présence de ma fille ; la voici.

SCÈNE III.

ESTHER, SAMUEL, EMMANUEL.

EMMANUEL

Je vous écoute, Isaac ben Samuel.

ESTHER, vivement et suppliante, à Emmanuel.

Oh ! taisez-vous !

SAMUEL.

Laisse, ma fille... quelque danger qu'il y ait pour nous à ce que ce nom soit entendu, laisse-le dire, puisqu'il croit nécessaire de le prononcer pour me rappeler sans-doute les liens sacrés qui nous unissent.

EMMANUEL.

N'ai-je pas droit de croire que vous les avez oubliés ?

SAMUEL.

Emmanuel, tu es le fils d'Éléazar qui fut l'oncle de ma femme, et qui périt dans le même temps et par les mêmes coups que Sarah : je ne l'ai pas oublié ; j'ai promis de t'aimer comme un fils, et je ne l'ai pas oublié et je t'aime d'un amour de père.

EMMANUEL.

Mais sont-ce là toutes vos promesses ? Non... vous avez promis que je serai l'époux de votre fille ; cet espoir, vous en avez bercé ma jeunesse. Vous m'avez envoyé en Italie, vous avez fait de moi un homme de commerce, parceque votre fille, disiez-vous, ne pouvait épouser qu'un commerçant ; et lorsqu'après quatre ans vous êtes venu vous-même me chercher dans mon exil, que me disiez-vous sur la route : Emmanuel, tu vas la revoir celle qui dans quelques jours sera ta femme. Et voilà maintenant que vous me refusez sa main !

SAMUEL.

Emmanuel, tous tes souvenirs sont vrais, comme toutes mes paroles étaient sincères ; mais voudrais-tu la main sans le cœur ?

EMMANUEL.

Que voulez-vous dire, Samuel ?... Et vous, Esther, répondez-moi... dois-je croire aux paroles de votre père ? Est-il vrai que vous ne m'aimez pas assez pour devenir ma femme ?

ESTHER, tremblante.

Emmanuel, pardonnez-moi... pardonne-moi, mon frère...

EMMANUEL.

Votre frère !... Ah ! oui, c'est ainsi que vous m'appeliez, il y a quatre ans, quand vous étiez trop jeune encore pour que je vous fisse entendre des paroles d'amour ! Mais aujourd'hui, Esther, oh ! ce n'est plus seulement l'affection d'une sœur, ce n'est plus le nom de frère que je vou-

demande... j'ose espérer le titre d'époux. (Mouvement d'Esther.) Oh ! taisez-vous... taisez-vous... Tout-à-l'heure j'implorais une réponse, et maintenant je crains de l'entendre !... ne me dites pas, Esther, qu'il faut renoncer à l'espoir de vous posséder... car je vous aime, voyez-vous, à ne pouvoir vous oublier... Oh ! quelle que soit pour moi votre indifférence, soyez à moi, Esther, soyez à moi... et je vous aimerai tant, je le jure, que vous en viendrez à m'aimer aussi !... et d'ailleurs dussiez-vous rester froide et insensible à mon amour... eh bien ! je n'aurais pas au cœur cette crainte horrible qui me ferait mourir (d'un ton sombre), et je ne mourrais pas seul, la crainte de vous voir un jour aux bras d'un autre... oui, je réponds maintenant aux paroles de votre père... Fallût-il ne pas obtenir votre cœur... je réclame, je veux votre main !...

SAMUEL., avec calme.

Je te l'ai dit hier, Emmanuel, cela est impossible.

EMMANUEL.

Oh ! toujours cette parole de désespoir !... toujours cette voix glacée, ce visage impassible où je ne peux rien lire que l'arrêt qui me condamne, sans même en soupçonner les motifs !... mais je veux savoir...

SAMUEL.

Et moi je te répète que le moment n'est pas venu de t'en apprendre davantage. Plus tard tu sauras tout, tu le sauras par moi, je te le jure !

EMMANUEL.

Mais vous manquez aujourd'hui à tout ce que vous m'avez juré... et vous voulez que je croie encore à vos serments ! Non, non... vous m'avez trompé déja, vous voulez me tromper encore !

SAMUEL.

Emmanuel, la colère t'égare... tu deviens injuste.

EMMANUEL., avec emportement.

C'est vous, vous seul qui êtes sans justice et sans foi !

ESTHER.

Mon père, mon père, voyez sa fureur... son délire... il vous insulte, quand c'est moi seule qu'il devrait accuser. Mon père, ne lui cachez rien... je ne veux pas que pour moi vous ayez à rougir... A moi, à moi seule la honte, je veux tout lui dire...

SAMUEL, du ton le plus imposant.

Esther, par toute l'autorité que le ciel m'a donnée sur vous, je vous ordonne de vous taire ! (Bas à Esther.) Il n'apprendra le déshonneur de ma fille qu'en apprenant aussi la réparation.

EMMANUEL., qui l'observe.

Bien, Samuel, bien... cette jeune fille n'a pas encore l'effronterie du mensonge. La vérité parlerait par sa bouche... heureusement vous êtes là pour soutenir son inexpérience... Ah! digne emploi pour un père! (Avec colère.) Mais par le ciel! qu'allait-elle donc m'apprendre?... que j'ai un rival peut-être!

SAMUEL.

Et quand cela serait vrai?

EMMANUEL.

Un rival!... mais quel est-il? aucun de nos frères en Dieu ne vous connaît, Samuel, pour un des nôtres; pour eux tous vous êtes chrétien... et vous ne voudriez pas faire alliance avec un chrétien?...

SAMUEL.

Disciples de Moïse ou du Christ, nous sommes tous enfants d'un même Dieu.

EMMANUEL.

Blasphème!... tu abjurerais?

SAMUEL.

Non... je suis né juif, je mourrai juif; mais ma fille est libre.

EMMANUEL.

Libre de se faire chrétienne?

SAMUEL.

Libre de suivre la loi qu'elle préfère, comme de se donner à l'homme de son choix.

EMMANUEL.

Ce sont là vos dernières paroles, Samuel, c'est-là tout ce que vous avez à me répondre, quand je vous somme de tenir vos engagements avec moi?

SAMUEL.

Tu me maudirais un jour de les avoir tenus.

EMMANUEL.

Mensonge que tout cela! Mais à votre tour écoutez bien tous deux le dernier mot d'Emmanuel. Emmanuel, entendez-vous, ne peut qu'aimer ou haïr. Il vous a aimés jusqu'à ce jour, il est prêt à vous aimer encore, toi comme un père, elle comme une épouse adorée. Mais, si vous le laissez sortir sans lui accorder la parole qu'il est venu chercher, s'il n'emporte pas d'ici les titres de fils et d'époux, il sortira de chez toi avec le cœur d'un ennemi... d'un ennemi juré.

ESTHER, suppliante.

Emmanuel!

EMMANUEL.

Mon amour ou ma haine, choisissez!...

SAMUEL.

Emmanuel, tu es aveugle, je te plains... mais ce que tu demandes est impossible.

EMMANUEL, d'une voix terrible.

Tremble alors..... c'est toi qu'il faut plaindre!

(Il sort furieux.)

SCÈNE IV.

ESTHER, SAMUEL.

ESTHER.

O mon Dieu! que va-t-il faire?... sa colère m'épouvante.

SAMUEL, revenant à elle pour la calmer.

Allons, allons rassure-toi... Faut-il donc s'effrayer ainsi?... te voilà toute tremblante... tes mains sont glacées... tu souffres, ma fille, tu souffres?...

ESTHER, d'une voix faible.

Non, mon père, non... je suis... bien... mais l'émotion...

SAMUEL.

Tu pâlis!... Esther!... mon enfant... qu'éprouves-tu?... que veux-tu?...

ESTHER.

Rien... rien... une faiblesse... je meurs...

(Elle s'évanouit.)

SAMUEL.

Ciel!... ma fille! elle ne m'entend plus!... que faire... du secours!... ah! ce flacon!... (Il prend un flacon sur la table et lui fait respirer des sels.) La perdre, ô mon Dieu! quand je me croyais sûr de la sauver; non, vous ne le permettrez pas, Seigneur!... Esther!.. elle rouvre les yeux! C'est moi, ma fille, c'est ton père... ne me reconnais-tu pas?... réponds-moi... dis-moi ce qui te fait souffrir.

ESTHER.

Rien... je ne souffre plus... ce n'est rien... le saisissement... Oh! cet homme m'a fait peur! sa voix était terrible : « Tremble..... c'est toi qu'il faut plaindre! » Oh! ces paroles cachent une pensée affreuse... Mon père, si dans sa fureur...

SAMUEL.

Non, non... ne crains rien; Emmanuel a l'emportement de la jeunesse, mais il doit en avoir aussi la noblesse de cœur. Emmanuel, j'aime à le croire, ne pousserait pas la colère jusqu'à l'ingratitude.

ESTHER.

Le ciel vous entende!

SAMUEL.

Il comprendra de lui-même qu'il a fallu un motif bien puissant pour m'empêcher de tenir mes promesses. Et puis, quand il persisterait dans son aveugle fureur, sa fureur ne serait que de courte durée; avant peu je pourrai tout lui dire, car avant peu tu seras la femme de Rodolphe.

ESTHER.

Le croyez-vous?

SAMUEL, gaîment.

Comment! si je le crois... mais j'en suis sûr...

Et toi, qui veux me faire douter aujourd'hui, tu
ne doutais pas hier... lorsqu'il était à tes pieds...
lorsqu'il te renouvelait ses serments... Au fait,
je conçois, c'était lui... c'était le fiancé qui
parlait... et cette voix-là est persuasive... plus
persuasive que la mienne, pas vrai?...

ESTHER, lui jetant les bras au cou.

Mon bon père!

SAMUEL, après l'avoir embrassée.

Comment te trouves-tu, ma fille?... mieux,
n'est-ce pas?...

ESTHER.

Oh! toujours bien sur votre cœur!...

SAMUEL, la serrant contre son sein.

Chère enfant!... tu es remise, bien sûr?... tu
ne veux pas que j'appelle Marguerite?

ESTHER.

Non, non, je ne veux rien... je n'ai besoin
de rien, que de vous voir, que d'entendre vos
paroles consolatrices... car près de vous seulement j'ai de la force, du courage... près de
vous je crois à l'avenir.

SAMUEL.

Oh! l'avenir est beau, va... tu seras heureuse... Je ne doute pas de ton Rodolphe... c'est un
cœur loyal!... et quant à son père, tu as entendu ses promesses...

ESTHER.

Son père! hélas! quand je pense qu'il est
prince souverain, je voudrais pouvoir oublier
que je ne suis, moi, que la fille d'un marchand...

SAMUEL, souriant.

Va, mon Esther, aie confiance... tous ces
princes-là sont autant de marionnettes qui
obéissent au même fil; et, ce que tu n'as jamais
soupçonné, c'est que le fil est entre les mains de
ton père le marchand...

UN DOMESTIQUE, annonçant.

Son altesse électorale le margrave de Brandebourg.

SAMUEL.

Tiens... sans y penser, j'aurai donné une
petite secousse; la marionnette princière obéit.
Va, ma fille, va prendre quelques instants de
repos, et bannis toute inquiétude... ton père
veille pour ton bonheur.

(Il la fait entrer à droite; le Margrave entre du fond.)

SCÈNE V.

SAMUEL, LE MARGRAVE.

LE MARGRAVE, sur le seuil de la porte.

J'espère ne pas vous déranger, sinon je me
retire.

SAMUEL.

Entrez donc, altesse... Puis-je vous être bon
à quelque chose?

LE MARGRAVE.

C'est-à-dire, mon cher ami, que vous seul au
monde êtes bon à tout ce que vous voulez. Vous
êtes homme, je le parie, à changer en beaux
ducats sonnants ce chiffon de papier.

(Il le lui présente.)

SAMUEL, le regardant.

Qu'est-ce que cela?... du François Ier?... ça
n'a plus cours chez nous.

LE MARGRAVE.

Bonnivet m'a pourtant passé cela comme argent comptant.

SAMUEL.

Bonnivet n'a plus, et ne peut plus avoir d'argent comptant.

LE MARGRAVE.

En vérité?... Qui donc alors paiera les frais
de la fête du 28?

SAMUEL.

Une fête?

LE MARGRAVE.

Magnifique... la nuit de l'élection... dans mon
palais... Est-ce qu'il voudrait me laisser la dépense sur les bras?... Je vais tout décomman-
der.

SAMUEL.

La nuit de l'élection?... Veuillez ne changer
rien... Je prends tout sur mon compte.

LE MARGRAVE.

Ah! diable!... vous appuyez donc un candidat?.... vous aurez vu messieurs Vander
Ruysdal?...

SAMUEL.

Je ne les ai pas vus, car je les soupçonne
d'être les agents du roi d'Espagne.

LE MARGRAVE.

Ce n'est donc pas pour l'Espagnol que vous
agissez?

SAMUEL.

Je ne lui avancerais pas un florin.

LE MARGRAVE.

Au diable l'Espagnol alors! c'est pour le roi
de France?

SAMUEL.

Je vous ai dit que sa signature n'a plus cours
chez moi.

LE MARGRAVE, cherchant.

Ni pour l'Espagne, ni pour la France... Est-
ce que par hasard vous pencheriez pour un empereur d'outre-mer? est-ce que l'Anglais?...

SAMUEL.

Mon cher électeur, pourquoi chercher si loin
ce que nous avons sous la main? pourquoi ne
pas donner à l'Allemagne un empereur allemand?

LE MARGRAVE, d'un air d'hésitation.

Un Allemand?...

SAMUEL.

Comme je vous l'ai vingt fois entendu dire à
vous-même, l'intérêt du saint empire avant
tout! Eh bien! l'intérêt de l'empire n'est-il pas
d'avoir un empereur résidant parmi nous?...

dont les propriétés soient dans l'empire même, de manière que l'empire ne puisse souffrir des attaques ou des incursions étrangères sans que les propriétés de l'empereur en souffrent les premières?... A propos, c'est dix mille ducats que vous cherchez? Ne les cherchez plus, je vous prie.

LE MARGRAVE.

Quoi! sur la signature de l'amiral?...

SAMUEL.

Votre altesse n'a besoin chez moi de la signature de personne. Je reviens à mon raisonnement... l'avez-vous bien saisi?...

LE MARGRAVE.

Mais oui, mais oui... je goûte assez votre manière de raisonner; vous avez, mon cher, un genre d'argumentation tout-à-fait irrésistible... Ah! franchement je ne vous savais pas si fort en politique... Ainsi nous disons un empereur allemand... va pour un Allemand!... mais il faut choisir...

SAMUEL.

Choisir n'est pas mon affaire... c'est vous autres, messeigneurs, que cela regarde. Seulement si l'on me demandait mon avis, mon choix serait bientôt fait.

LE MARGRAVE.

Et quel serait votre préféré?

SAMUEL.

Devinez. (A part.) Tâchons qu'il y vienne de lui-même.

LE MARGRAVE.

Que je devine... mais c'est fort délicat... car enfin, je ne suis pas tout-à-fait désintéressé dans la question...

SAMUEL.

Raison de plus pour que vous connaissiez particulièrement chacun des candidats. Aussi le mien est-il fort connu de vous.

LE MARGRAVE.

Oui?... (A part.) Où veut-il en venir?

SAMUEL.

Comme nous le disions tout-à-l'heure, chef d'une maison souveraine d'Allemagne.

LE MARGRAVE.

Ah! chef d'une maison?... (A part.) Que diable a-t-il à me regarder en face?...

SAMUEL.

Brave sans témérité, généreux sans faste...

LE MARGRAVE.

Fort bien. Est-il jeune, vieux?... quel âge?

SAMUEL.

Mais... le vôtre.

LE MARGRAVE.

Le mien! (A part.) Est-ce que par hasard?...

SAMUEL.

Homme d'une haute capacité...

LE MARGRAVE.

Une haute capacité? (à part.) plus de doute! (Haut.) Je sais qui.

SAMUEL.

Vous l'avez reconnu?

LE MARGRAVE.

Assurément. C'est moi.

SAMUEL.

Vous!

LE MARGRAVE.

Je vous remercie, mon cher Didier, de la justice que vous me rendez. Ainsi donc, vous m'offrez d'appuyer de votre crédit, de votre fortune, mes prétentions à l'empire?... Je n'y prétendais pas, c'est vrai, mais puisque vous me faites des propositions... j'accepte vos propositions. Je suis déja sûr d'une voix.

SAMUEL.

La vôtre.

LE MARGRAVE.

Précisément. Je me souviens d'avoir lu dans nos annales, qu'en 1410, Sigismond, un Brandebourg comme moi, ouvrant les opinions dit : « Je ne connais personne plus digne de l'empire que moi. » Eh bien! mon cher, il fut élu à l'unanimité. Je ferai comme lui.

SAMUEL.

Et si vous alliez vous trouver seul de votre avis?...

LE MARGRAVE.

Seul?... (D'un air mécontent.) Ah! monsieur Didier, voilà un mot qui n'est pas des plus obligeants.

SAMUEL.

Vous n'oubliez pas, monseigneur, que j'oblige mes amis autrement qu'avec des mots?... Les vingt mille ducats que je viens de vous promettre...

LE MARGRAVE.

Vous dites vingt mille?...

SAMUEL.

Me suis-je trompé?... Est-ce trente mille qu'il vous faut?...

LE MARGRAVE.

Didier, vous êtes l'homme le plus aimable, le plus entraînant! Quel est votre candidat?...

SAMUEL.

Le comte palatin du Rhin.

LE MARGRAVE, se récriant.

Que dites-vous là!... Un homme sans foi ni loi!... un égoïste qui ne pense qu'à lui... qui, s'il y trouvait son intérêt, jetterait notre belle Allemagne en proie au turc Sélim... ou au brigand Sickinghen!

SAMUEL.

Eh bien! vous avez tort de ne pas l'aimer; il parle de vous en des termes!... hier encore il me disait : « Ce cher margrave... » c'est lui qui parle... « Ce cher margrave est celui de tous « les électeurs à la voix de qui je tiendrais le plus, « parceque je l'estime. »

LE MARGRAVE.

Ah! il a dit cela?

SAMUEL.

« Et puis, ajoutait-il, un homme solide... sur
« qui on peut compter!... Cet homme-là aurait
« besoin de cinquante mille ducats, que Didier,
« j'en suis certain, se ferait un plaisir... »

LE MARGRAVE.

Cinquante mille ducats?...

SAMUEL.

Ils sont chez votre altesse, à l'heure qu'il
est...

LE MARGRAVE.

Chez moi !

SAMUEL.

Et pareille somme dans huit jours, le jour
de l'élection... s'il est vrai que pour ce moment-
là nous puissions compter...

LE MARGRAVE.

Et ils sont chez moi?... Mon bon ami, vous
avez l'éloquence la plus persuasive... Depuis un
quart-d'heure que je vous écoute, je suis fixé...
Oui, c'est un empereur allemand qu'il nous
faut... et cet Allemand, c'est le comte palatin !
Adieu, mon cher... à huit jours... je serai prêt...
vous...

SAMUEL.

Je le serai aussi.

LE MARGRAVE.

Très bien !... Adieu, adieu... je... suis attendu chez moi.

(Il sort.)

SCÈNE VI.

SAMUEL, puis un Domestique.

Et d'un !... c'est au reste celui qui m'embar-
rassait le moins... Il suffira, pendant ces huit
jours, de l'entretenir dans ses bonnes disposi-
tions, de l'arroser de temps à autre, comme
nous disons en langage de commerçants. Il flaire
l'or comme un chien de chasse le gibier ; en lui
montrant mon portefeuille, je le mènerai où
je voudrai. Ma seconde voix maintenant... (Au
domestique qui paraît.) A l'instant chez maître Hériot, mon homme de loi ; je le charge d'acheter pour mon compte, et à quelque prix que ce
soit, toute la galerie de tableaux de monseigneur de Cologne : courez.

LE DOMESTIQUE.

Maître, il y a là un homme à la livrée du
comte palatin : il ne veut parler qu'à vous.

SAMUEL.

Qu'il entre... et partez vite.

LE DOMESTIQUE.

A l'instant, maître.

(Il sort.)

SAMUEL.

Encore un qui m'appartiendra, quand je serai maître de tout ce qu'il aime au monde ; et
de deux. La troisième voix, nous l'avons,

puisqu'ainsi que l'observait le judicieux margrave, un électeur a droit de voter pour lui-
même ; mais la quatrième, où la chercher?... le
Palatin m'envoie sans doute à ce sujet quelque
bon avis.

(Entre Rodolphe, vêtu de la livrée du Palatin.)

SCÈNE VII.

RODOLPHE, SAMUEL.

SAMUEL.

Vous, prince, vous, sous ce déguisement!

RODOLPHE.

Il était nécessaire pour échapper à mes geoliers.

SAMUEL.

Vos geoliers?... Mais hier quand je vous ai
quitté vous étiez libre.

RODOLPHE.

Hier, vous étiez à peine parti, que je rede-
venais prisonnier, que les portes du palais se
refermaient devant moi, et aujourd'hui la ruse
seule a pu me les ouvrir. Si je suis près de vous,
c'est qu'on n'a pas reconnu le prince sous les
habits d'un valet.

SAMUEL.

Mais votre père..

RODOLPHE.

Mon père vous trompe.

SAMUEL.

Que dites-vous ?

RODOLPHE.

Il prendra votre or, et ne rendra pas l'honneur à votre fille.

SAMUEL.

Est-ce possible ?... ce mariage promis...

RODOLPHE.

Ne s'accomplira pas.

SAMUEL.

Quoi !... si je lui donne un trône...

RODOLPHE.

Vous l'aurez placé trop haut pour qu'il re-
descende jusqu'à vous.

SAMUEL.

Est-ce lui qui a dit cela ?

RODOLPHE.

A moi-même.

SAMUEL.

Oh! insensé... insensé que j'étais de croire à
la parole de cet homme ! pauvre fou qui ne
t'es pas arrêté à ta première idée, que cet
homme-là te jouait ! Oh ! oui... dupe, cent fois
dupe, le pauvre faiseur d'affaires qui sacrifiait
sa fortune sur une parole du prince, quand le
prince ne donnait sa parole que pour mieux le
voler !... Et ces titres... ces titres que je me suis
tant pressé de lui rendre !

RODOLPHE, les lui présentant.

Les voici.

SAMUEL.

C'est vous qui me les rapportez?

RODOLPHE.

Ne les avez-vous pas confiés à ma foi!

SAMUEL.

Quand vous pouviez les rendre au comte!

RODOLPHE.

Si le comte était ici, les lui rendriez-vous?

SAMUEL.

Aujourd'hui qu'il me trompe... non.

RODOLPHE.

Eh bien! je savais que le comte vous trompait, qu'en vous trompant il vous dépouillait de votre fortune et se déshonorait lui-même; et j'ai voulu prévenir et le déshonneur de mon père et votre ruine, à vous qui êtes mon sauveur et le père de mon Esther!

SAMUEL, avec élan.

Ton Esther!... oh! oui... oui, tu ne m'as pas trompé, toi! généreux enfant, tu m'as parlé, tu me parles encore dans toute la franchise de ton jeune et noble cœur! Tu sais ce que c'est, toi, que la foi d'une promesse, que la religion d'un serment! ton Esther est toujours la femme de ton choix... tu n'as pas voulu la déshonorer, tu n'as pas voulu la tuer!... et si ce mariage ne s'accomplissait pas, je te l'ai dit, ma fille en mourrait!... Mais toi, Rodolphe, tu veux toujours que ce mariage s'accomplisse?... tu veux toujours rendre à la fiancée de ton cœur et l'honneur et la vie!

RODOLPHE.

Au prix de tout mon sang!

SAMUEL.

Bien! bien!... promets-tu de te fier à moi?

RODOLPHE.

En aveugle!

SAMUEL.

Parle..... Quel obstacle entrevois-tu à ce mariage?

RODOLPHE.

La volonté de mon père; il ne me laissera jamais épouser qu'une femme de haute noblesse.

SAMUEL.

Et si mon Esther devenait noble... noble de première noblesse allemande?

RODOLPHE.

Plût au ciel! mais...

SAMUEL.

Et dans le cas où la volonté du noble Palatin résisterait encore, si je devais au-dessus de cette volonté en placer une plus forte qu'elle?

RODOLPHE.

Que voulez-vous dire?...

SAMUEL, s'asseyant pour écrire.

Écoute ce que j'écris à ton père : « Vous « vouliez me tromper; vous avez eu le plus « grand de tous les torts, celui de ne pas réus- « sir. Il y a deux jours, je me serais cru

« impuissant à me défendre contre vous; mais « hier vous m'avez appris le secret de ma force, « j'en userai. Tout ce que je faisais pour vous, « à partir de ce moment je le fais contre « vous. A celui de nous deux maintenant « qui fera un empereur pour commander à « l'autre. »

RODOLPHE.

Mais ne craignez-vous pas qu'en lui révélant à l'avance vos projets?...

SAMUEL.

Je ne crains rien de lui, c'est à lui de tout craindre de moi. Rentrez au palais, Rodolphe.

RODOLPHE.

Déjà!

SAMUEL.

Faites que dans quelques instants ce billet arrive sous les yeux de votre père; je ne veux pas le tromper, moi; je joue franc jeu; je veux qu'il me connaisse pour son ennemi avant que je lui aie porté le premier coup.

RODOLPHE.

Vous êtes donc bien certain?...

SAMUEL.

Je suis certain de ce que je veux, cela me suffit! Je veux arracher ma fille au désespoir et à la honte; je veux qu'Esther vive pour être la femme de Rodolphe!

RODOLPHE.

Esther!... Ne permettrez-vous pas que je la revoie? Qu'elle sache bien que Rodolphe est de moitié dans toutes ses larmes, dans toutes ses douleurs!

SAMUEL.

Hier, ma fille vous a revu; hier, elle a de nouveau reçu vos serments; elle peut douter encore de l'avenir, mais elle ne doute pas de votre loyauté. Maintenant, mon fils, partez... c'est à l'autel que vous reverrez Esther!

(Rodolphe sort.)

SCÈNE VIII.

SAMUEL, seul; il se promène à grands pas.

Ah! comte palatin, tu m'as tendu la main en signe de loyauté et de bonne foi, et, quand je l'ai touchée, c'était celle d'un traître! Oh! par les noms sacrés de tous les prophètes, la main qui aura touché la tienne sera celle de ton vainqueur et de ton maître! Quoi! tu es venu me prendre dans mon obscurité et dans ma faiblesse; tu m'as appris que j'avais en moi tout ce qu'il faut pour être grand et fort, et c'est à présent que tu ne crains pas de t'attaquer à moi! Mais, fou que tu es, il ne fallait pas faire de l'agneau un lion, du nain un géant, de Didier le marchand Samuel l'acheteur de trônes! Ah! monseigneur, tu as trouvé drôle et amusant, n'est-ce pas, de me faire travailler à l'illustration et à la grandeur de ton nom,

quand je croyais travailler pour l'honneur du
mien et le salut de mon enfant! tu prenais tout
haut l'argent du banquier, et tu riais tout bas
de la crédulité du père! « Va, disais-tu à ton
ignorant élève, avec de l'or on peut tout ce
qu'on veut. » Merci, beau précepteur, vos le-
çons ont fructifié. Pour vous élever je pouvais
tout ce que je voulais, pour vous écraser je
voudrai tout ce que je pourrai! Oh! oui, un
empereur... je ferai un empereur!..... Sur quel
front poser la couronne, à quelles épaules
jeter le manteau impérial, dans quelles mains
placer le globe du monde, je l'ignore!... Mais
fallût-il prendre le dernier et le plus pauvre
gentilhomme allemand, dussé-je aller chercher
au fond de l'Autriche un autre Rodolphe de
Hasbourg, je ferai un empereur!... un empereur qui sauvera ma fille... ou qui te donnera
le châtiment que je voudrai, à toi, Palatin,
toi qui veux être le bourreau de mon enfant!

(Pendant les dernières phrases de ce monologue, Charles est entré sans que Samuel se soit aperçu de son
arrivée.)

SCÈNE IX.

SAMUEL, CHARLES.

CHARLES.

Un homme est ici qui attend que vous l'é-
coutiez, Isaac Ben Samuel.

SAMUEL, se tournant vers lui.

D'où savez-vous ce nom?

CHARLES.

Je sais que ce nom est le vôtre... et je sais
pourquoi, depuis dix ans, vous cachez ce nom
sous celui de maitre Didier.

SAMUEL.

Pourquoi?

CHARLES.

Parcequ'il y a dix ans, le bon roi Louis
XII régnant en France, Isaac Ben Samuel habitait Paris avec sa femme et ses nombreux
enfants. Sa fortune était déjà considérable; il
l'avait acquise dans les guerres d'Italie, en
fournissant à la dépense et aux emprunts de la
noblesse française, à une époque où le roi
Charles VIII lui-même, se trouvant à court
d'argent, n'en put obtenir des Génois qu'au
taux exorbitant de quarante-trois pour cent.

SAMUEL, vivement.

Samuel, tout juif qu'il était, ne fit pas
comme les Génois.

CHARLES.

Et cependant on ne lui pardonna pas une
fortune faite, disait-on, trop rapidement. Or,
il arriva que, pendant une absence de Samuel,
des hommes armés se présentèrent à sa femme,
exigeant qu'elle leur remît des titres et engagements écrits qui mettaient à la discrétion du juif
la fortune de plus d'un grand seigneur. Sur le

refus de la femme de Samuel, on fouilla de
force dans toute la maison, et, comme on ne
trouvait rien, on imagina, pour anéantir ces
papiers, de mettre le feu à l'habitation.

SAMUEL, avec un rire mêlé de larmes.

Et le lendemain, on riait, en ville, du malheur arrivé au mécréant, qui perdait en une
nuit la moitié de sa fortune et toute sa famille... oui, sa famille!... car, pour brûler les
papiers, il avait fallu brûler la femme et les
enfants du juif!

CHARLES.

Au premier rang de ces rieurs de cour,
ne remarquait-on pas un jeune prince, ennemi
précoce et juré des hérétiques?

SAMUEL, amèrement.

Oui, le duc de Valois, qui, cinq ans après,
devenu François Ier, se hâta de remettre en
vigueur l'édit de proscription lancé par Charles
VII contre les juifs.

CHARLES.

Samuel n'avait pas attendu ce moment-là
pour venir chercher en Allemagne une terre
hospitalière?

SAMUEL.

Depuis son séjour en France, depuis qu'il a
perdu en France sa femme et quatre enfants...
les quatre frères d'Esther, Samuel ne croit plus
à l'hospitalité! Oui c'est en Allemagne qu'il
s'est réfugié, il y a dix ans, mais non pas à
titre d'étranger, non pas comme Israélite, car
les Israélites sont proscrits partout. Ici, Samuel
est chez lui, il est dans sa patrie! car sa patrie
véritable, il l'a oubliée; son nom, il l'a changé;
la croyance de ses pères, ses souvenirs d'enfance, ses traditions de famille, il a renfermé
tout cela en lui, couvert tout cela d'un voile
impénétrable; Samuel le juif a disparu tout
entier pour faire place au Lombard Didier; et
Didier le Lombard est citoyen libre de la ville
impériale et libre de Francfort.

CHARLES.

Mais, comme les statuts de la ville libre défendent aux Israélites de séjourner dans ses
murs, si l'on découvrait le secret de Samuel,
Samuel courrait grand risque de se voir enlevé
et chassé de Francfort...

SAMUEL.

Absolument comme votre majesté, si l'on
découvrait que, sous le nom de M. Vander
Ruysdal, se cache à Francfort le jeune roi
Charles d'Espagne.

CHARLES, vivement.

Qui vous a dit mon nom?

SAMUEL.

Peut-être ceux qui vous ont dit le mien.

CHARLES.

Ainsi vous savez...

SAMUEL.

Et ce que vous êtes, et pourquoi vous cachez
ce que vous êtes.

CHARLES.

Pourquoi?

SAMUEL.

Voyons si les renseignements que j'ai sur vous valent ceux que vous aviez sur moi. Le roi d'Espagne est à Francfort, parceque c'est à Francfort que se dispute et que se donnera la couronne impériale, à laquelle le roi d'Espagne aspire. Il est venu chez Didier le Lombard, ou, si vous voulez, chez Samuel le juif, parceque, s'il obtient l'empire, il ne l'obtiendra qu'à force d'or; et, quand un roi veut de l'or, c'est à Samuel qu'il s'adresse, car Samuel est le banquier des rois depuis qu'il est le roi des banquiers. Mais Charles d'Espagne a dû cacher avec soin sa présence dans la ville électorale, car il n'ignore pas que, s'il y était découvert, sa liberté pourrait être un moment compromise, et ses espérances seraient à jamais ruinées. Heureusement, les autorités de Francfort ne connaissent pas tous les étrangers qui s'introduisent dans leur ville; mais malheureusement le juif Samuel aime à connaître tous ceux qui s'introduisent dans sa maison.

CHARLES.

Seriez-vous capable de me trahir?

SAMUEL.

Pas plus que votre majesté n'est capable de me trahir moi-même.

CHARLES.

Puisque vous avez si bien deviné ce qui m'amène, n'avez-vous rien à me dire?

SAMUEL.

Beaucoup de choses, et peu de mots.

CHARLES.

Je vous écoute.

SAMUEL.

Sire, vous êtes roi, vous voulez être empereur; si je mets à vos pieds plus d'or qu'il n'en faut pour acheter dix trônes, que me donnerez-vous en échange?

CHARLES.

Tout ce qu'un roi peut donner à un sujet.

SAMUEL.

Je veux ce que l'empereur seul peut donner.

CHARLES.

Tu l'auras, si je suis empereur.

SAMUEL.

Votre promesse est-elle sincère?

CHARLES.

En douter est un outrage.

SAMUEL.

Écoutez, sire; en affaires, nous avons la bonne habitude de ne croire qu'aux écrits. J'ai fait quelquefois la sottise de croire aux paroles, j'en ai trouvé de menteuses, même des paroles royales.

CHARLES.

Quel moyen de te rassurer?

SAMUEL.

Voulez-vous que j'aie toute confiance? Écrivez.

CHARLES, s'asseyant et prenant tout ce qu'il faut pour écrire.

C'est la première fois que je sers de secrétaire.

SAMUEL, dictant.

« Le premier acte d'autorité impériale de « l'empereur... » Votre nom d'empereur?

CHARLES.

Charles-Quint.

SAMUEL, continuant.

« De l'empereur Charles - Quint sera de « conférer à Esther, fille d'Isaac Ben Samuel, « des lettres de haute noblesse, et le titre de « grande-duchesse »

CHARLES, s'arrêtant.

Mais votre fille est juive.

SAMUEL.

Serait-ce un obstacle?

CHARLÉS.

Peut-être.

SAMUEL, après un moment d'hésitation.

Eh bien! dans ce cas... l'obstacle disparaît... car avant tout, il lui faut un titre... Juive ou chrétienne il faut qu'elle soit noble!

CHARLES.

C'est bien, mais il faut un fief; le nom du fief?

SAMUEL.

Elle en aura dix; laissez en blanc... et ajoutez au bas : « Le roi d'Espagne le promet sur « l'honneur, et le jure devant Dieu. Signé CHAR- « LES. »

CHARLES, lui remettant le papier.

Mais si le trône nous échappe cette promesse est sans valeur.

SAMUEL.

Mais elle assure le bonheur de ma fille, si vous obtenez l'empire... et vous l'obtiendrez.

CHARLES.

Bonnivet en a dit autant à mon beau cousin de France *.

SAMUEL.

Bonnivet est un fou qui m'amuse, et votre beau cousin de France un homme que je n'aime pas. Merci de me l'avoir nommé; vous me rappelez que j'ai double intérêt à vous faire réussir : celui de mon amour pour ma fille, et celui de ma haine pour votre rival.

CHARLES.

A l'œuvre, donc! le temps nous presse.

SAMUEL.

La besogne est déjà en bon train: sur sept électeurs, il nous faut une majorité de quatre voix; j'en ai gagné deux déjà.

CHARLES.

Pour un autre que moi?

* Charles, Samuel.

SAMUEL.

Vous, ou un autre... qu'importe! Mes deux voix s'engagent à voter, mais non pas à choisir... c'est moi que cela regarde.

CHARLES.

Mais les deux autres?

SAMUEL.

Nous avons, pour les trouver, huit jours pleins devant nous. Les élections sont fixées au 28 juin; elles auront lieu, la nuit, dans le palais de l'archevêque de Mayence; le palais est contigu à l'hôtel du Margrave, frère de l'archevêque : le même jour, je fais donner, par le Margrave, une magnifique fête de nuit, où tous nos électeurs se feront un plaisir de paraître; c'est là que nous porterons les derniers coups.

CHARLES.

Et jusque-là, si j'ai besoin de vous?

SAMUEL.

De moi... ça n'est pas probable; de ma caisse... à la bonne heure. Il en existe deux clés... je vous en donne une.

(Il la lui présente.)

CHARLES , hésitant.

Mais...

SAMUEL, montrant le papier écrit.

J'ai ma garantie... il est juste que vous ayez la vôtre.

SCÈNE X.

CHARLES, ESTHER, MARGUERITE, SAMUEL, puis UN GENTILHOMME DE LA SUITE DU PALATIN, SOLDATS, et EMMANUEL.

ESTHER , accourant.

Ah mon père !... je tremble !...

SAMUEL.

Qu'y a-t-il ?

MARGUERITE.

Maître... des soldats... un officier de monseigneur le Palatin...

UNE VOIX , en-dehors.

Au nom du vicaire de l'empire, ouvrez !

CHARLES.

Serais-je découvert !

SAMUEL.

Silence !

(La porte du fond s'ouvre *.)

UN GENTILHOMME.

Au nom du vicaire de l'empire, l'homme qui se fait appeler du nom de Didier le Lombard est sommé de me suivre. Je suis chargé de l'arrêter, lui et sa fille, et de les conduire, sous bonne escorte, hors des murs de Francfort où il leur est interdit de résider.

SAMUEL.

Arrêté... moi !

ESTHER, courant à Samuel qu'elle enlace de ses bras.

Mon père !... (Au gentilhomme.) Quel est son crime ?

LE GENTILHOMME.

Il est juif.

SAMUEL.

Oh ! trahi... vendu !... mais par qui ?

EMMANUEL, écartant la foule et paraissant à la porte du fond.

Par moi , Samuel !

_____

* Charles , un Gentilhomme , Samuel , Esther , Marguerite.

ACTE QUATRIÈME.

Le théâtre représente une salle de communication entre l'hôtel du margrave de Brandebourg et le palais de son frère, l'archevêque de Mayence; la porte à droite de l'acteur conduit au palais de l'archevêque, où la Diète doit se réunir; le fond de la salle est ouvert et donne sur les salons du Margrave, illuminés pour la fête; on voit passer des dames et des cavaliers en dominos et masqués; des valets portant des plateaux, la musique des danses se fait entendre par intervalles. — A gauche, au deuxième plan, une porte secrète; du même côté, une table et ce qu'il faut pour écrire.

SCÈNE I.

LE MARGRAVE, seul. Il est assis et lit une lettre.

« Quoique depuis huit jours vous ne m'ayez pas vu, je compte sur vous comme vous devez compter sur moi. Votre altesse se connaît trop bien en ducats pour ne pas estimer ceux du juif Samuel autant qu'elle a daigné toujours estimer ceux du Lombard Didier. » C'est parfaitement juste... les ducats sont tous de la même religion. « On peut se présenter chez moi en votre nom; MM. Vander Ruysdal ont tout pouvoir pour payer. » J'ai toujours eu bonne opinion de ces deux figures de marchands; mon trésorier va me donner de leurs nouvelles. « Où en êtes-vous avec votre frère, monseigneur de Mayence? Vous me direz cela cette nuit à votre fête; laissez toujours croire à l'amiral qu'il en est le roi; je me charge des frais. Je sais que contre un juif qui, chassé de Francfort une première fois ne craint pas d'y rentrer, il y a peine de mort; mai-

quand j'oserai y reparaître, c'est que j'aurai
pris une précaution qui rendra ma personne
sacrée. Quoi qu'il en soit, pas un mot de moi ni
de cette lettre à mon ennemi le Palatin. » Son
ennemi ?... diable! nous abandonnons notre
candidat.

SCÈNE II.

SLEIDANN, LE MARGRAVE, puis BON-
NIVET.

(Musique au fond. Les invités circulent au fond plus
nombreux.)

LE MARGRAVE, à Sleidann qui entre.

Eh bien ! baron... quelle nouvelle ?...

SLEIDANN.

Le papa Vander Ruysdal paye pour le juif
à bureau ouvert ; il m'a remboursé d'avance
toutes les dépenses de cette nuit.

LE MARGRAVE.

Sans marchander ?

SLEIDANN.

Sans même demander de détail.

LE MARGRAVE.

Est-ce tout ?

SLEIDANN.

Le fils sera chez nous cette nuit ; il a, dit-il,
cinquante mille ducats à me compter.

LE MARGRAVE.

Cinquante mille ducats!.. (à part.) la somme
convenue pour le Palatin... il paraît que nous ne
l'abandonnons pas... Je m'y perds !... enfin on
paye, c'est l'essentiel.

SLEIDANN.

Je viens de traverser le salon d'honneur ;
l'amiral Bonnivet est là, entouré de toute la
noblesse allemande ; il se pavane au milieu de
ce qu'il appelle *sa* fête vénitienne... Il reçoit
des compliments de tout le monde... il est heureux à faire plaisir. Tenez, monseigneur... le
voilà, il donne la main à la princesse.

LE MARGRAVE, regardant au fond.

A ma femme? il a fort bon air, le chargé
d'affaires du roi-chevalier ! Eh ! mais je ne connaissais pas à ma femme cette parure en perles
fines !...

SLEIDANN.

C'est, m'a-t-on dit, un hommage de monsieur
l'amiral.

LE MARGRAVE.

En vérité..... c'est très adroit cela... il aura
pour son maître la voix... de ma femme.*

BONNIVET, au fond, à ceux qui l'entourent.

Messieurs, vous me comblez..... mais vos
compliments se trompent ; voici le maître de la
maison... c'est lui qu'il faut féliciter.

PLUSIEURS VOIX, au Margrave.

Ah! monseigneur... la fête est charmante !...

* Sleidann, Bonnivet, le Margrave.

BONNIVET, bas au Margrave.

Je vous l'avais promis... à vous tout l'honneur.

LE MARGRAVE, de même.

A vous ma reconnaissance...

BONNIVET, indiquant la porte de la Diète.

Je n'en demande à votre altesse qu'une seule
preuve. (La musique, un moment interrompue, se fait
entendre de nouveau.) Messieurs, la danse nous
rappelle.

LE MARGRAVE, à part.

Oui... va danser, mon pauvre garçon !...

BONNIVET, à part.

Brave Allemand, va !

(Il disparaît dans les salons avec tout le monde. Le Palatin entre par la porte de la Diète.)

SCÈNE III.

LE MARGRAVE ; LE PALATIN : il porte par-
dessus son costume un domino bleu-clair, bordé de couleur orange, et tient un masque à la main.

LE PALATIN.

Que disiez-vous donc au Français ?

LE MARGRAVE.

Le sais-je deux minutes après !

LE PALATIN.

Vous êtes toujours pour moi ?

LE MARGRAVE.

Toujours. (A part.) Au fait, jusqu'à nouvel
ordre... (Haut.) J'ai promis à Didier.

LE PALATIN.

A Samuel, vous voulez dire ?

LE MARGRAVE.

Décidément il est donc juif ?... C'est égal, il
est bien riche... Vous n'auriez pas dû le faire
chasser de Francfort...

LE PALATIN.

Écoutez : entre amis on se doit la vérité.

LE MARGRAVE, à part.

Il va mentir.

LE PALATIN.

Samuel, quoique juif, est un excellent
homme que j'estime... que j'aime ; il peut nous
être fort utile ; mais le bonhomme a la manie
de choisir et de faire un empereur... C'est nous
que cela regarde.

LE MARGRAVE.

C'est notre état. Mais puisque c'est vous qu'il
choisit...

LE PALATIN.

D'accord... Mais il agissait trop ouvertement...
il nous compromettait, et, dans notre intérêt
comme dans le sien, j'ai cru qu'il valait mieux
l'éloigner... j'ai choisi le premier prétexte venu...
sa qualité de juif... mais sans qu'il y ait pour
cela rien de changé à nos projets... Je suis toujours votre candidat.

LE MARGRAVE.

Et Samuel votre caissier ?

LE PALATIN.

Toujours.

LE MARGRAVE, à part.

Nous verrons bien. (Haut.) Et vos autres voix?

LE PALATIN.

L'évêque de Cologne, que Samuel a gagné pour moi.

LE MARGRAVE.

Et puis?

LE PALATIN

Le duc Frédéric de Saxe.

LE MARGRAVE.

On le dit pour le roi d'Espagne.

LE PALATIN.

Parceque le roi d'Espagne est Allemand de naissance; mais il préférera un Allemand résidant en Allemagne. C'est lui que je cherche.

LE MARGRAVE.

Vous entrez au bal?

LE PALATIN.

Vous voyez... le costume et le masque de rigueur; j'ai quelques instructions secrètes à donner encore; ce déguisement me servira. (A part.) Emmanuel aura-t-il pu découvrir la retraite de la juive?... Oh! si une fois je tenais la fille, je serais maître du père!

(Il sort par le fond.)

SCÈNE IV.

LE MARGRAVE; puis SAMUEL, masqué, et couvert d'un domino.

LE MARGRAVE.

Je gagerais que mon candidat ne m'a pas dit quatre mots de vérité. (Une porte secrète s'ouvre à gauche; entre Samuel masqué.) Qui que tu sois, l'homme au masque, tu connais la maison aussi bien que moi, qui en suis le maître, car tu entres par les passages secrets.

SAMUEL, se démasquant.

Et j'écoute avant d'entrer.

LE MARGRAVE.

C'est vous, mon bon ami!... et vous avez entendu...

SAMUEL.

Les mensonges de cet infâme!

LE MARGRAVE.

Lui... dont vous disiez tant de bien il y a huit jours! que vous vouliez faire empereur...

SAMUEL.

Lui, empereur!... jamais... C'est pour le roi Charles qu'il faut voter.

LE MARGRAVE.

Comment! comment!... Ah çà! mon cher, entendons-nous... Je ne sais pas ce que c'est que changer ainsi; je n'ai qu'une parole... j'ai donné ma parole au Palatin...

SAMUEL.

A moi, s'il vous plaît... car ce n'est pas le Palatin qui a payé la fête de cette nuit... qui paiera les cinquante mille ducats...

LE MARGRAVE.

A la bonne heure... mais encore faut-il convenir de ses faits. Je vous promets pour le Palatin... un homme déja sur le retour... qui touche à la cinquantaine... et puis vous venez aujourd'hui mettre en avant votre roi Charles... un enfant qui monterait sur le trône à vingt ans... Il est capable d'en régner quarante... d'enterrer tous les électeurs du monde!... Voyez-vous, mon cher, il faut tenir compte de tout cela... Si je fais le roi Charles empereur, il y a cent contre un à parier que c'est le dernier qui sera fait de mon vivant. Avec le Palatin, au contraire, ça pourrait être à recommencer dans quatre ou cinq ans... peut-être plus tôt.

SAMUEL.

L'observation est juste.

LE MARGRAVE.

Comment... mais c'est de l'arithmétique... vous qui savez compter... vous devez me comprendre... causez de cela avec mon trésorier... c'est un homme de chiffres...

SAMUEL.

Nous nous entendrons facilement : au lieu de cinquante mille, c'est cent mille ducats que je lui devrai.

LE MARGRAVE,

Comme cela, vous ferez de lui ce que vous voudrez.

SAMUEL.

Et votre frère... monseigneur de Mayence?

LE MARGRAVE.

Ah! monseigneur est bien dur... Bonnivet l'a gâté... il promet tant!...

SAMUEL.

Mais il tiendra si peu?...

LE MARGRAVE.

Eh! eh!... le chapeau de cardinal!...

SAMUEL.

Par Bonnivet!... jamais!... Les guerres d'Italie ont brouillé la France avec le pape.

LE MARGRAVE.

Auriez-vous la prétention d'être bien en cour de Rome?... vous! un israélite!

SAMUEL.

Qui sait?... Est-ce tout ce qu'il faut à votre frère?

LE MARGRAVE.

Monseigneur de Mayence a promis en outre de marier notre troisième frère, le marquis Casimir de Brandebourg; notre frère n'épousera qu'une princesse de maison souveraine...

SAMUEL.

Fort bien... et pour trouver tout cela, nous avons...

LE MARGRAVE.

Une heure; car dans une heure la Diète s'assemble. (Il indique la porte à droite.) Votre temps est précieux, je vous laisse.

(Il sort par le fond.)

SAMUEL, le suivant.

Avant une heure, monseigneur de Mayence sera content, et le baron Sleidann sera payé. (Seul.) Payer... c'est facile... mais satisfaire l'archevêque!... une heure... ce n'est pas assez pour aller à Rome traiter d'un chapeau... Et puis aller je ne sais où... trouver une noble héritière à vendre. O mon Dieu! le succès m'échapperait-il! (Apercevant Charles qui entre au fond.) Ah!... le roi!...

SCÈNE V.

CHARLES, SAMUEL.

CHARLES.

C'est vous, Samuel... tout va bien!

SAMUEL.

Tout va mal!

CHARLES.

Frédéric de Saxe est pour nous.

SAMUEL.

Mais l'archevêque de Mayence n'est pas pour nous; et vous connaissez votre Évangile : Celui qui n'est pas pour moi est contre moi.

CHARLES.

Que demande-t-il?

SAMUEL.

Trop.

CHARLES.

Mais encore?

SAMUEL.

Il veut être cardinal.

CHARLES.

Il le sera. Est-ce tout?...

SAMUEL.

Il veut une princesse pour son frère le marquis.

CHARLES.

Je lui donne une reine.

SAMUEL.

Et tout cela avant une heure?

CHARLES.

A l'instant. Écoutez-moi : Vous connaissez M. de Chièvres... Vander Ruysdal père; vous le trouverez dans le troisième salon. Sachez de lui si le révérend père que nous attendons cette nuit de Rome est arrivé... Il doit l'être; c'est mon confesseur, don Télesforo. Si le révérend a apporté de là-bas ce qu'il est allé y chercher, que M. de Chièvres vous le remette. Quant au mariage, c'est mon affaire; le marquis Casimir est dans le bal, j'y vais faire un tour...

SAMUEL.

Ainsi découvert?

CHARLES.

Non, déguisé et masqué.

SAMUEL.

Gardez-vous denotre ennemi, le Palatin... il y est lui-même.

CHARLES.

Déguisé aussi?

SAMUEL.

Vêtu d'un domino bleu-clair, bordé de couleur orange.

CHARLES.

Bien... je m'en souviendrai. J'aperçois l'évêque de Cologne, mettez-vous tout de suite en règle avec lui; vous avez tout ce qu'il faut pour cela. Nous nous retrouverons ici.

(Il sort par le fond; l'évêque entre de la droite.)

SCÈNE VI.

L'ÉVÊQUE DE COLOGNE, SAMUEL.

L'ÉVÊQUE, à lui-même.

Je voudrais pourtant savoir à quoi m'en tenir sur la parole donnée par Bonnivet; il a promis de racheter... mais tiendra-t-il?... Le Palatin a beau me dire, pour me consoler, que le tout est aux mains du juif Samuel... et que le juif est pour nous... Je ne connais pas cet homme... Savoir mes Raphaël, mes Titien, mes Carrache, tout ce qui fait mon bonheur et ma gloire... tout cela aux mains d'un mécréant... d'un barbare!...

SAMUEL, s'approchant.

Monseigneur...

L'ÉVÊQUE.

Qu'est-ce?...

SAMUEL, présentant un papier.

Pour monseigneur..... de la part du roi Charles.

L'ÉVÊQUE, ouvrant le papier.

Du roi Charles? (Il lit.) « Nous Charles-« Quint, empereur!... » Empereur!... « nous « engageons, sur notre parole impériale, à « payer au juif Samuel telle somme qu'il vou-« dra fixer, pour le rachat des tableaux for-« mant la galerie de monseigneur de Cologne. « La somme exigée, dont nous nous reconnais-« sons créancier, sera payée par nous, le jour « de notre couronnement en la ville impériale « d'Aix-la-Chapelle. Signé : CHARLES-QUINT, « empereur. » (A Samuel.) Mais il est roi d'Espagne, et n'est pas empereur!

SAMUEL.

Si monseigneur veut qu'il le soit?...

L'ÉVÊQUE.

En ce qui me touche, certainement je le veux... puisqu'à cette condition... Mais cela suffira-t-il?

SAMUEL.

Nous tâcherons.

L'ÉVÊQUE.

Et qui donc êtes-vous?...

SAMUEL.

Je suis... un des agents du roi Charles.

L'ÉVÊQUE.

Eh bien! monsieur l'agent, dites au roi Charles que je garde ce papier, et que je vais tout faire pour devenir le créancier de l'empereur Charles-Quint. (A part.) Ceci me parait positif; le roi Charles a de grandes chances; je ne verrai pas Bonnivet, et je laisserai dire le Palatin (Haut.) Vous pouvez compter sur moi.

(Il sort par la droite.)

SAMUEL.

A merveille! Sachons maintenant ce qu'on nous apporte de Rome.

(Il sort rapidement par le fond: la porte secrète, par où est arrivé Samuel, s'ouvre; entre Emmanuel.)

SCÈNE VII.

EMMANUEL, seul.

Oui, Samuel, compte sur lui, sur eux tous... et ris-toi de la haine et des menaces d'Emmanuel! Le moment est proche où cette haine que tu méprises te fera pleurer toutes les larmes de tes yeux. Oh! je sais tout, maintenant... le Palatin m'a dit la cause de tes refus et des répugnances de ta fille! Ah! juif, il te faut un gendre de noble race?... Ah! tu veux sur le front de ta fille une couronne comtale?... et tous les deux vous me repoussez du pied parceque je ne suis que votre égal!... Mais, malheureux, vous n'avez donc pas prévu que du jour où l'orgueil vous germerait au cœur, la soif de la vengeance viendrait dévorer le mien?... Va, Samuel, réjouis-toi! tu as trompé la vigilance de tes persécuteurs; tu rentres, malgré eux, dans cette ville d'où ils t'ont banni; malgré eux aussi tu en as fait sortir ta fille que poursuivait leur colère; sois fier, Samuel... tu les as joués tous! mais à ton tour tu es joué par Emmanuel!... Le Palatin!... enfin!

(Entre du fond un domino bleu bordé orange.)

SCÈNE VIII.

EMMANUEL, LE MASQUE.

EMMANUEL.

Monseigneur, j'ai réussi.

LE MASQUE.

Réussi?

EMMANUEL.

La juive est en mon pouvoir.

LE MASQUE.

Esther!

EMMANUEL.

Sur un faux avis que son père, rentré dans la ville, était menacé de mort, elle a voulu partager ses périls; et, pour suivre mes affidés, elle a quitté la retraite où son père l'avait cachée, à trois lieues d'ici; elle est à Francfort.

LE MASQUE.

Où la trouver?...

EMMANUEL.

A deux pas, dans la petite maison bourgeoise indiquée par votre altesse.

LE MASQUE.

Amenez-la.

EMMANUEL.

Dans ce palais?... Mais le délit est flagrant; pourquoi ne pas aller droit au tribunal?...

LE MASQUE.

Ici d'abord. Maitre de la fille, nous le serons du père. Amenez-la secrètement.

EMMANUEL, indiquant la petite porte.

Par cette galerie?... en traversant la chapelle?...

LE MASQUE.

Oui, par la chapelle, où vous la ferez attendre. Voici le père... partez vite!

(Emmanuel sort par la porte secrète.)

CHARLES, ôtant son masque.

J'ai dû parer d'abord au plus pressant danger... mais que Samuel ignore le retour de sa fille... la partie serait perdue!...

(Entre Samuel du fond.)

SCÈNE IX.

SAMUEL, CHARLES.

SAMUEL, tenant un papier à la main.

Une lettre du pape! (Charles la prend.) Don Télesforo vient d'arriver; si vous aviez encore besoin de lui, je lui ai indiqué, à l'étage inférieur, un escalier de dégagement qui conduit à la chapelle...

CHARLES, vivement.

A la chapelle?... vous êtes allé...

SAMUEL.

Non pas moi... mais le révérend, pour y attendre vos ordres. Que dit la lettre?

CHARLES, lisant la lettre qu'il a décachetée.

« Au roi Charles d'Espagne, le cardinal secrétaire d'état : Sire,

« Je suis chargé de remercier votre majesté « du secours efficace qui nous a été prêté, de « votre part et en votre nom, par Hugues de « Moncade, vice-roi de Sicile, lequel, à la tête « de vos bonnes galères, a nettoyé et purgé les « eaux de la Méditerranée des corsaires infi-

« dèles qui les infestaient, et qui déja mena-
« çaient les États de l'Église. Nous apprenons,
« etc., etc.; et en signe de sa haute bienveil-
« lance et estime, Sa Sainteté autorise votre ma-
« jesté à désigner pour le cardinalat tel évêque
« ou archevêque qu'il vous plaira, promettant
« que votre seul désir équivaudra à une no-
« mination définitive. »

SAMUEL.

C'est assez clair.

CHARLES, s'approchant de la table.

Un mot de ma main, au bas de cette lettre,
la rendra plus claire encore.

(Il écrit.)

SAMUEL.

Et le mariage du marquis ?

CHARLES, tout en écrivant.

Affaire conclue : je lui fais épouser la jeune
veuve de mon aïeul Ferdinand, Germaine de
Foix.

SAMUEL.

La veuve d'un roi d'Espagne, la nièce d'un
roi de France, épouse un cadet de famille
allemand ?...

CHARLES.

Triste sort de ceux qui sont montés trop
haut... ils ne peuvent plus que descendre.

SAMUEL, souriant.

Réflexion morale, bien précieuse dans la
bouche d'un roi qui veut être empereur !

(Tintement de cloches)

CHARLES, se levant.

Voici l'heure !

SAMUEL.

Déja !

CHARLES.

Pourquoi déja? c'est le mot d'un poltron;
et nous sommes en mesure pour n'avoir pas
peur.

SAMUEL.

Voici les électeurs... cachez-vous dans la
foule.

(Le monde des invités garnit le fond; Charles se perd
parmi eux. Les électeurs entrent processionnellement,
deux à deux, traversant le théâtre de gauche à droite.
Ils sont suivis de leurs principaux gentilshommes. En
tête, l'archevêque de Mayence, puis l'archevêque de
Trèves et le Margrave, le roi de Bohême et le Palatin,
le duc de Saxe et l'évêque de Cologne.)

SCÈNE X.

LES MÊMES, L'ARCHEVÊQUE DE TRÈVES,
L'ARCHEVÊQUE DE MAYENCE, LE ROI
DE BOHÈME, L'ARCHEVÊQUE DE CO-
LOGNE, LE MARGRAVE, LE DUC DE
SAXE, LE PALATIN, BONNIVET, SLEI-
DANN, CHIÈVRES, GENTILSHOMMES, IN-
VITÉS, SOLDATS, ETC.

(Au moment où l'Électeur, marchant en tête, est arrivé
à quelques pas de la porte de la Diète, le cortège
s'arrête quelques minutes. Bonnivet s'entretient avec l'

Margrave; l'archevêque de Trèves avec le roi de Bohême; le Palatin parait chercher quelqu'un dans la
foule; Samuel s'est approché de l'archevêque de Mayence,
à qui il présente la lettre du pape.)*

SAMUEL, bas à l'archevêque.

Un courrier du Saint-Père.

(L'archevêque lit la lettre.)

BONNIVET, au Margrave.

Combien le roi de France sera flatté d'apprendre que notre fête de cette nuit a satisfait
monseigneur !

SAMUEL, qui, pendant ce temps, a passé à Sleidann.

Baron Sleidann, je ne veux pas déranger
votre maître, qui parait s'amuser beaucoup de
M. l'amiral; mais vous direz à son altesse que
j'ai tenu ma parole.

(Il lui remet un portefeuille.)

L'ARCHEVÊQUE DE MAYENCE, qui a lu la lettre, dit
à part.

Et au bas, ces mots ajoutés : « L'empereur
« Charles-Quint désigne pour le chapeau de
« cardinal l'archevêque de Mayence. Signé :
« CHARLES. » (A Samuel qui, dans ce moment, s'est
rapproché de lui.) C'est bien... j'ai compris.

LE PALATIN, reconnaissant Samuel.

Toi ici! tu as osé rentrer dans cette ville...
Sais-tu, juif, que ton audace mérite peine de
mort?

SAMUEL.

Je sais que la personne d'un ambassadeur
est inviolable, comme celle de tous les gens
de sa suite; et j'appartiens à l'ambassade du
roi Charles d'Espagne.

(Il ouvre son domino; on voit sur sa poitrine un écusson
aux armes d'Espagne.)

LE PALATIN.

Ah! tu travailles pour l'Espagnol ?...

SAMUEL.

L'événement dira pour qui j'ai travaillé.

(Il s'approche du Margrave que Bonnivet vient de quitter;
le Margrave paraît lui donner les plus belles assuran-
ces. Samuel échange ensuite quelques mots avec l'é-
vêque de Cologne.)

LE PALATIN, à part, regardant Samuel.

Il me brave! et Emmanuel n'a pas paru !... il
n'aura pu réussir... Tout espoir est perdu pour
moi!...

BONNIVET, qui n'a quitté le Margrave que pour venir
au Palatin.

Monseigneur connaît les intentions du roi
mon maître, relativement aux deux Palati-
nats ?...

LE PALATIN, avec beaucoup d'aménité.

Je m'en souviendrai.

(Bonnivet s'incline avec joie.)

LE ROI DE BOHÊME, à la droite du Palatin, lui dit
tout bas.

Les bons Allemands portent le duc de Saxe.

____

* Samuel, Mayence, Trèves, Bohême, Bonnivet, Margrave, Palatin, Saxe, Cologne, Chièvres, Sleidann.

LE PALATIN, *de même.*

Je suis des vôtres. (A part.) Le Saxon ou le Français, que m'importe! pourvu que ce ne soit pas le candidat du juif!

(*Les électeurs, suivis de leurs gentilshommes entrent à la Diète; Chièvres, Bonnivet et le monde des invités s'éloignent par le fond; il ne reste plus en scène que Samuel et Charles.*)

SCÈNE XI.

CHARLES, SAMUEL.

CHARLES, *regardant avec anxiété la porte de droite.*

Maintenant, le sort en est jeté!... En ce moment on délibère...

SAMUEL, *rayonnant.*

En ce moment on fait le roi d'Espagne empereur!...

CHARLES.

Et la fille du juif grande-duchesse... puisses-tu dire vrai!...

SAMUEL.

J'ai votre parchemin ; vous avez laissé pour les titres un blanc que j'ai promis de remplir... l'heure est venue! (*Il tire de son sein la promesse écrite de Charles et les titres du Palatin, s'assied à la table à gauche, et commence à écrire avec ardeur et tout en parlant.*) « A Esther, fille d'Isaac « Ben Samuel, le titre de grande-duchesse de « Berg et de Juliers. »

CHARLES.

Quoi! ces deux magnifiques principautés...

SAMUEL.

Elles étaient à vendre, j'en ai fait emplette. Quant aux autres propriétés, en voici les titres devant moi ; je n'ai qu'à copier... (*Il écrit à la hâte et sans quitter des yeux le papier.*) « Comtesse « de Heidelberg...

CHARLES, *à part, l'œil fixé sur la porte.*

Et penser que tout cela n'est peut-être qu'un rève !...

SCÈNE XII.

RODOLPHE, CHARLES, SAMUEL.

RODOLPHE, *à Charles.*

C'est vous, monsieur Vander Ruysdal... vous, notre ami !... si vous saviez... Esther...

CHARLES, *bas, lui montrant Samuel qui écrit.*

Silence !

RODOLPHE, *de même, le reconnaissant.*

Samuel!... il ignore le danger de sa fille...

CHARLES.

S'il le savait tout serait perdu. Parlez...

(*Il le pousse à l'extrémité opposée.*)

RODOLPHE.

Tout-à-l'heure deux hommes en ont abordé un troisième, que j'ai reconnu être Emmanuel.

« La juive, ont-ils dit, est dans la chapelle. — J'y vais avec vous, a répondu Emmanuel, vous resterez dehors, pour défendre au besoin l'entrée. » Et ils sont partis.

CHARLES.

Écoutez: un seul moyen nous reste : je ne dois pas quitter cette place ; vous, courez..... prenez dans le troisième salon M. Vander Ruysdal père ; vous connaissez le palais : à l'étage inférieur vous devez trouver un petit escalier conduisant à la chapelle...

RODOLPHE.

Près d'Esther... j'y vole !

CHARLES.

Là, vous trouverez aussi un saint homme...

(*Il lui parle à l'oreille.*)

SAMUEL, *toujours écrivant.*

Baronne de Frankendal... suzeraine des abbayes de Fuldes... de Munster...

RODOLPHE, *à Charles.*

Mais que dira le père?...

CHARLES.

Le père consent à tout pour sauver sa fille !.. Une fois près d'elle, venez m'en donner avis par cette porte. Si Emmanuel ou quelque autre voulait s'opposer par la force... alors ne ménagez rien !

RODOLPHE.

J'aurai des armes!

(*Il sort rapidement par le fond.*)

SCÈNE XIII.

CHARLES, SAMUEL, puis EMMANUEL.

CHARLES.

Oh! qu'ils sont lents à vouloir!

SAMUEL, *se levant.*

Tout est prêt! un mot maintenant qui nous vienne de là, (*il indique la porte de la Diète.*) et ma fille est princesse souveraine !

EMMANUEL, *entrant par la porte secrète.*

Ta fille est là... prisonnière, sous le poids d'une accusation capitale... et je vais la dénoncer aux magistrats de Francfort !

SAMUEL.

Esther !... Esther !... ici !... je veux la voir !...

(*Il se précipite vers la porte.*)

EMMANUEL *la referme et en arrache la clé.*

Je ne le veux pas!... cette porte ne s'ouvrira maintenant qu'avec le bon plaisir d'Emmanuel ! On ne sort de cette porte que pour marcher au tribunal, et du tribunal au bûcher !

(*Il sort triomphant.*)

SAMUEL.

Ma fille !... on veut tuer ma fille !

CHARLES.

Dans un instant je la sauve!

SAMUEL.

Non... Vous aussi vous me trompez !...

SCÈNE XIV.

SLEIDANN, sortant de la Diète ; CHARLES, SAMUEL.

CHARLES.

Eh bien, monsieur le baron, quelles nouvelles ?...

SLEIDANN.

Excellentes... si monsieur Samuel le veut.

SAMUEL.

Moi !

SLEIDANN.

Six voix sont également partagées entre le duc Frédéric et le roi d'Espagne ; la septième, celle de mon maître, peut seule faire pencher la balance ; il va le faire en faveur du roi Charles, si monsieur Samuel veut dire un seul mot...

SAMUEL.

Je veux qu'on me rende Esther !

CHARLES, à Sleidann.

Quel est ce mot ?

SLEIDANN.

Son nom au bas d'un dernier bon de cent mille ducats.

CHARLES.

Vous entendez, Samuel..... cent mille ducats encore, et nous avons l'empire !

SAMUEL.

Je n'entends rien... je ne veux rien entendre... Esther est là... je veux voir Esther !...

SLEIDANN, à Charles.

Hâtez-vous... si mon maître ne me voit pas revenir... Frédéric de Saxe est empereur !

CHARLES, suppliant.

Samuel, votre signature seulement...

SAMUEL, de même.

Non... rien !... (On frappe à la porte secrète.) Qui est là ?... Esther... Ma fille... est-ce toi ?...

UNE VOIX, en dehors.

Non, mon père..... mais notre Esther est sauvée !

SAMUEL.

Rodolphe !... c'est la voix de Rodolphe !... tu me le jures, enfant ? tu me jures que ses persécuteurs...

RODOLPHE, de même.

Elle est à l'abri de leurs coups. Adieu... je retourne près d'elle pour ne plus la quitter..... confiance entière dans Vander Ruysdal !

SAMUEL.

Oh ! je le crois... lui qui déja l'a sauvée ! *

CHARLES, lui présentant la plume.

Et vous allez signer ?...

SAMUEL, la prenant.

Tout !... donnez... donnez...

SLEIDANN, voyant entrer le Palatin.

Trop tard !...

* Sleidann, Samuel, Charles.

LE PALATIN, sortant de la Diète.

Frédéric, duc de Saxe, vient d'être élu empereur d'Occident !

(Sleidann rentre à la Diète.)

SCÈNE XV.

LE PALATIN, SAMUEL, CHARLES.

CHARLES, à Samuel.

Malheureux ! vous nous avez perdus !

(Il tombe abattu sur un siège à gauche.)

LE PALATIN.

Eh bien ! Samuel, le voilà l'événement !... il devait m'apprendre pour qui le juif travaillait ; Samuel le juif travaillait donc pour le duc de Saxe !

SAMUEL, comme sortant d'un rêve.

Est-ce possible, ô ciel !... perdre tout... tout en un moment !... Et ma fille !... elle pour qui tout-à-l'heure encore je rêvais gloire et bonheur ! oh ! oh ! malheureux !...

(Il pleure.)

LE PALATIN.

Ta fille, qui est rentrée à Francfort, sera jugée demain et condamnée comme juive par la justice impériale.

SAMUEL.

Grace !...

LE PALATIN.

Tu m'implores... moi, pauvre prince dépouillé.. moi qui ne suis quelque chose encore que par ta clémence, moi dont un mot de ta bouche peut faire un proscrit, un mendiant !

SAMUEL.

Vos titres, votre fortune, je vous rendrai tout, monseigneur... daignez reprendre tout ! n'est-ce point assez ? dites ce qu'il vous faut encore ! pour que vous me rendiez mon enfant, dites ce que vous voulez prendre de mes richesses !

LE PALATIN.

Ah !... tu acceptes donc les conditions qu'il me plaira de t'imposer ?

SAMUEL.

Toutes.

LE PALATIN.

Tu avoues donc que tu es à ma merci !... tu me reconnais donc pour ton maître !

SAMUEL.

Vous pour mon seigneur, moi pour votre esclave !

LE PALATIN, se posant fièrement.

Eh bien donc, esclave, à genoux ! à genoux, pour entendre la loi qu'il plaît à ton seigneur de te faire !

(Samuel s'agenouille. — Sleidann paraît à la porte de la Diète.)

SCÈNE XVI.

Les Mêmes, SLEIDANN.

SLEIDANN.

Le duc de Saxe a refusé la couronne.

SAMUEL.

Dieu !

CHARLES.

Qu'ai-je entendu!

LE PALATIN, à Sleidann.

Dis-tu vrai?

SLEIDANN.

Monseigneur, un nouveau scrutin vient de s'ouvrir.

LE PALATIN, furieux.

Malédiction!... puissé-je arriver à temps!

(Il entre rapidement à la Diète.)

SAMUEL, se relevant.

O Dieu de Jacob, tu as eu pitié de ton serviteur! un nouveau scrutin ! (A Sleidann.) Et quelles sont les chances ?

SLEIDANN.

Les mêmes que tout-à-l'heure.

CHARLES.

Pour le roi d'Espagne, combien de voix?

SLEIDANN.

Trois assurées ; une quatrième qui peut l'être , celle de monseigneur le Margrave.

CHARLES.

Et pour cela que faut-il ?

SLEIDANN.

Ce qu'il fallait tout-à-l'heure , cent mille ducats.

SAMUEL.

C'est bien cher pour une marchandise achetée déjà tant de fois. Mais j'en donnerais le double pour être sûr qu'une fois payée elle ne sera plus à vendre.

SLEIDANN.

Écoutez ce que je viens vous proposer : mon maître, dans la chambre de la Diète, a les yeux fixés sur le sablier. (Lui en indiquant un sur une table à gauche.) Regardez celui-ci... encore quelques grains de tombés, et nous aurons atteint la deuxième heure : ce moment venu, si monseigneur ne m'a pas vu reparaître, il donne sa voix au roi d'Espagne, car c'est qu'alors j'aurai reçu la somme exigée.

SAMUEL.

Sans cependant pouvoir vous éloigner, avant le dénouement connu?

SLEIDANN.

De cette façon , d'un côté comme de l'autre la fraude est impossible.

SAMUEL.

J'accepte et je signe *!

(Il écrit le bon qu'il lui remet.)

* Sleidann, Samuel, Charles.

SLEIDANN, lui montrant le sablier.

Voyez, l'heure est écoulée. En ce moment, monseigneur de Brandebourg laisse tomber dans l'urne le nom de Charles d'Espagne ; votre candidat est empereur!

CHARLES, avec un mouvement d'orgueil.

Empereur !... (Puis il s'arrête et dit avec dédain.) Et pour cela qu'aura-t-il fallu? que le fils d'un gentilhomme allemand se soit amouraché de la fille d'un juif!... Qu'est-ce donc, ô mon Dieu! que les grandeurs du monde!...

(Fanfares au dehors.)

SLEIDANN.

Le signal !

(Bruit de voix.)

SAMUEL.

Écoutez !

(Cris au dehors.)

Vive l'empereur Charles-Quint !

SLEIDANN.

Ils crient vive l'empereur Charles-Quint.

SAMUEL, ivre de joie.

Ils crient : vive Esther, grande-duchesse de Berg et de Juliers !

(La foule envahit les salons du fond; les portes de la Diète se rouvrent. Entrent les électeurs , l'archevêque de Mayence en tête; on porte devant eux les insignes impériaux ; la couronne, le sceptre, le manteau. En avant de la foule sont Bonnivet et sa suite, et puis Guillaume de Chièvres en costume d'ambassadeur espagnol : près de lui Samuel et Charles.)

SCÈNE XVII.

A droite, les SEPT ÉLECTEURS.—Au fond, la FOULE.—A gauche, BONNIVET, CHIÈVRES, SAMUEL , CHARLES.

L'ARCHEVÊQUE DE MAYENCE.

Nous, grand chancelier de l'empire en Allemagne, faisons savoir, au nom de la très auguste Diète impériale, que la couronne vient d'être déférée, non par le droit d'hérédité , ni par celui de la succession paternelle, mais par les suffrages des électeurs de l'empire allemand , et particulièrement par la providence du Dieu tout-puissant, à Charles, roi d'Espagne, aujourd'hui Charles-Quint, empereur.

TOUS.

Vive l'empereur !

SAMUEL, bas à Chièvres , en lui remettant un parchemin.

A vous maintenant, monsieur l'ambassadeur.

CHIÈVRES, sur un signe que Charles lui fait de l'œil, va se placer près de l'officier portant les insignes impériaux, se couvre et dit à haute voix :

Au nom de l'empereur Charles-Quint... (tout le monde se découvre.) des lettres de haute noblesse princière sont accordées à Esther, fille d'Isaac Ben Samuel, grande-duchesse de Berg et de Juliers , comtesse du Haut et Bas-Rhin,

baronne de Heidelberg, de Manheim et de
Frankendal, suzeraine des abbayes de Strasbourg, de Fuldes, de Munster, et de tous les
pays formant l'apanage des haut et bas Pala-
tinats, dont elle possède tous les titres de propriété en bonne et légitime possession.

LE PALATIN.

Que veut dire ceci?... Moi, prince de l'empire, dépouillé par une juive!

TOUS.

Une juive!

EMMANUEL, entrant du fond à gauche, suivi de plusieurs hommes de justice.

Oui, une juive, sommée de paraître devant
le tribunal de haute justice, sous le poids d'une
accusation capitale.

LA FOULE.

Au tribunal, la juive!

SAMUEL, à part.

Elle est perdue!

RODOLPHE, paraissant au fond à droite, conduisant
Esther et accompagné de don Telesforo.

Il n'y a pas ici de juive!... en présence de
deux nobles témoins, moi prince Rodolphe et
Guillaume, comte de Chièvres, par les mains
du révérend don Telesforo, cette femme vient
de recevoir le saintes eaux du baptême, elle est
chrétienne!

TOUS, avec respect.

Chrétienne !

SAMUEL, bas à Charles avec douleur.

Chrétienne ?

CHARLES, bas aussi.

Il le fallait : à cette seule condition le mariage pouvait s'accomplir.

SAMUEL, avec résignation.

Gloire au Dieu des chrétiens, puisqu'il sauve
ma fille!... Merci à la loyauté de l'empereur
qui a tenu toutes ses promesses.

CHARLES.

Pas encore. (Bas à Chièvres.) Achevez,
comte.

CHIÈVRES, à haute voix.

Et maintenant moi, Guillaume comte de
Chièvres, ambassadeur d'Espagne à la Diète de
Francfort, donne avis au comte Louis, palatin du Rhin, qu'à huit jours de date du présent
jour, d'après la volonté de l'empereur Charles-
Quint, tout sera prêt au palais de l'ambassade
espagnole pour le mariage de la grande-duchesse Esther avec le prince Rodolphe.

LE MARGRAVE, s'approchant du Palatin.

Eh bien ! beau cousin, votre réponse à l'empereur ?

LE PALATIN.

J'ai huit jours pour la faire.

LE MARGRAVE, souriant avec malice.

Ce n'est pas trop, n'est-ce pas, pour se dé-
cider ?

EMMANUEL, à part.

C'est assez pour se venger !

<hr>

ACTE CINQUIÈME.

Au palais de l'ambassade espagnole, grande salle ouvrant au fond sur une galerie. A l'extrémité de la galerie,
droite de l'acteur, porte ouvrant sur la chapelle. Portes au deuxième plan à gauche et à droite.

SCÈNE I.

CHIÈVRES, un Officier, Pages, Domes-
TIQUES.

CHIÈVRES, à un page.

La grande-duchesse n'a pas quitté l'appartement qu'elle occupe depuis huit jours au palais
de l'ambassade ?

LE PAGE.

Non, excellence ; elle est aux mains de ses
dames d'atours occupées à la parer pour le
mariage.

CHIÈVRES.

Et son père?

LE PAGE.

Son père vient d'arriver, il n'y a qu'un instant; il s'est aussitôt rendu près de sa fille.

CHIÈVRES, à lui-même.

Dans cet appartement qu'il appelle la prison
de son enfant. L'empereur, obligé de s'absenter
de Francfort, le lendemain même de l'élection,

m'avait laissé des ordres positifs : ne pas souffrir que la duchesse franchît un seul moment
les portes de ce palais, où il a voulu qu'elle
prît asile jusqu'à ce jour. Sa majesté craignait,
pendant son absence, quelque attaque perfide
de la part du Palatin ou d'un ennemi plus ob-
scur ; j'ai bien pris toutes mes précautions.
(A un officier qui entre.) Eh bien! monsieur,
quelle réponse?

L'OFFICIER.

Excellence, comme j'arrivais au palais du
Palatin, le prince faisait donner l'ordre à son
fils et aux gens de sa suite de se tenir prêts
pour la cérémonie.

CHIÈVRES.

Le prince ne vous a fait aucune question?

L'OFFICIER.

Une seule, excellence : son altesse m'a de-
mandé s'il était vrai, comme l'indiquait la ru-
meur publique, que l'empereur fût arrivé d'aujourd'hui, pour assister incognito au mariage
du prince Rodolphe.

CHIÈVRES.

Et vous avez répondu?...

L'OFFICIER.

Ainsi que votre excellence me l'avait ordonné, que rien de semblable n'était venu à ma connaissance.

CHIÈVRES.

C'est bien, monsieur. (Indiquant la porte au deuxième plan à droite.) Entrez là : vous vous approcherez de la deuxième portière que vous trouverez baissée, et, sans même la soulever, vous vous nommerez, puis vous répéterez, à demi-voix, ce que vous venez de m'annoncer. Quant à vos ordres pour le reste de la journée, toujours les mêmes : une surveillance de tous les instants, relativement au Palatin et à tous ceux de sa suite; et souvenez-vous que, dans ce palais, l'empereur, absent pour tous, veut être présent partout. (L'officier entre à droite. — A un page.) Vous, page, avertissez don Telesforo : avant une heure, on ouvrira les portes de la chapelle.

UN PAGE, annonçant.

Leurs altesses électorales le comte palatin du Rhin et le margrave de Brandebourg; son altesse le prince Rodolphe.

SCÈNE II.

CHIÈVRES, LE MARGRAVE, LE PALATIN, RODOLPHE, Suite.

LE MARGRAVE.

Eh! c'est le papa Vander-Ruysdal... aujourd'hui l'ambassadeur de notre puissant empereur... de l'empereur que nous avons fait.

CHIÈVRES.

Soyez les bien venus dans ce palais, messeigneurs.

LE MARGRAVE.

Savez-vous, cher comte, que vous nous avez joué là une comédie tout entière?

CHIÈVRES.

Dont le dénoûment se sera fait, j'espère, à la satisfaction de tout le monde.

LE MARGRAVE, montrant le Palatin.

Sans en excepter mon beau cousin que je vous amène, et qui n'en veut plus à personne.

CHIÈVRES, s'inclinant devant le Palatin.

La présence de monseigneur ici va faire plus d'un heureux.

RODOLPHE.

Mon père, je vous le jure, ma vie sera consacrée tout entière à vous remercier de ce que vous faites aujourd'hui pour mon bonheur!...

LE PALATIN.

Bien, mon fils, bien. Mais il est un autre serment que vous devez être impatient de pré-

ter; votre fiancée aussi doit desirer votre présence.

CHIÈVRES, indiquant la gauche.

Voici l'appartement de la grande-duchesse... (Regardant au fond du même côté.) Et bientôt tout sera prêt pour la cérémonie, car j'aperçois venir le présent de noces impérial.

LE PALATIN.

L'empereur...

CHIÈVRES.

A voulu que la couronne qui sera posée sur le front de la grande-duchesse, fût payée des deniers de son épargne.

(Un page a déposé sur une table à droite un coussin supportant une couronne recouverte d'un voile.)

LE MARGRAVE, soulevant le voile.

C'est à la fois d'une galanterie et d'une magnificence...

(Pendant qu'on admire la couronne, l'officier entré à droite, en ressort, et vient parler à l'oreille de Chièvres.)

CHIÈVRES, bas à l'officier.

C'est bien... j'y cours.

LE MARGRAVE, de même.

Ah! sa majesté fait des présents de ce prix-là... décidément on ne nous a pas trompés, nous avons un empereur riche.

CHIÈVRES, au Palatin.

Monseigneur, don Telesforo va bientôt paraître à l'autel. Prince Rodolphe, votre nouvelle famille vous attend. (Il indique la porte à gauche.) Dans quelques minutes, j'aurai l'honneur de venir prendre les ordres de vos altesses.

(Il entre à droite.)

LE MARGRAVE, au Palatin en indiquant l'appartement d'Esther.

Eh bien! beau cousin, entrons-nous?... Encore de l'hésitation? craignez-vous pas que là-dedans on vous voie d'un mauvais œil?... Allons donc! votre bru attend que vous veniez lui donner un gros baiser bien bourgeois; son père va vous offrir une bonne poignée de main de comptoir... nous aurons là toutes les émotions de l'arrière-boutique; ça sera très attendrissant.... Tenez, votre fils et moi, nous vous devançons, nous nous dévouons les premiers. Holà! page, annonce le margrave de Brandebourg et le prince Rodolphe de Heidelberg.

(Un page passe devant les deux princes; Rodolphe interroge du regard son père qui lui fait signe de suivre le Margrave. Les gens de la suite s'écoulent par la galerie; Emmanuel paraît au fond un moment après.)

SCÈNE III.

LE PALATIN, puis EMMANUEL.

LE PALATIN.

Oui, le sort m'a vaincu! j'ai épuisé toutes les résistances, tous les délais. Maintenant il le faut... Mais cet homme qui ce matin est venu me demander, pour faveur unique, la permission de se mêler aux gens de ma suite pour pénétrer dans ce palais, quel est son dessein?... Oh! béni serait l'envoyé du ciel ou de l'enfer qui viendrait briser cet exécrable hymen! (Apercevant Emmanuel.) Le voici...mais le misérable espère peut-être à l'ombre de mon nom... Oh! la justice de l'empereur serait terrible... après être descendue jusqu'à cet homme, elle monterait jusqu'à moi peut-être!... Emmanuel, approche.

EMMANUEL.

Que me voulez-vous?

LE PALATIN.

Tu as desiré être introduit ici?

EMMANUEL.

C'est ici seulement que la vengeance est encore possible.

LE PALATIN.

La vengeance?

EMMANUEL.

Depuis huit jours je l'espère en vain. Les murs de ce palais élevaient entre elle et moi une impénétrable barrière; grace à vous, je les ai franchis.

LE PALATIN.

Grace à moi, malheureux... qu'oses-tu dire?

EMMANUEL.

Oh! ne craignez pas, monseigneur, que je vous compromette. Vous ne serez pas plus de moitié dans l'œuvre que j'accomplirai que vous n'êtes de moitié dans les motifs qui me font agir. Ce que j'aurai fait ne sera qu'à moi, car c'est pour moi seul que je l'aurai fait.

LE PALATIN.

Mais songe que la protection de l'empereur couvre toute cette maison; songe que le premier présent qu'aient laissé tomber du trône ses mains impériales, c'est cette couronne ducale que je vais placer sur le front de la fiancée.

(Il indique la couronne sur la table*.)

EMMANUEL, s'approchant.

Ah! cette couronne touchera le front de la fiancée?

LE PALATIN.

Et cette couronne, c'est l'empereur qui la donne.

EMMANUEL, dédaigneusement.

Oh! l'empereur... c'est au tribunal d'un autre juge que je rendrai mes comptes.

LE PALATIN.

Explique-toi.

EMMANUEL, vivement.

Silence! on vient.

(Il se retire vers le fond. Chièvres entre de la droite.)

* Emmanuel, le Palatin.

SCÈNE IV.

LES MÊMES; CHIÈVRES, L'OFFICIER.

CHIÈVRES. Il fait signe à l'officier qui est entré avec lui, de prendre sur la table le coussin et la couronne, puis indiquant la droite.

Posez cette couronne là...dans cette première pièce, et revenez faire ouvrir les portes de la chapelle. (L'officier porte le coussin à droite. Au palatin.) Si monseigneur l'ordonne, l'office va commencer.

LE PALATIN, indiquant l'appartement d'Esther, après avoir jeté un regard dérobé sur Emmanuel.

Veuillez d'abord m'introduire, excellence, je vous suis.

(Chièvres et le Palatin entrent à gauche. Pendant ce temps l'officier est revenu de la droite et est sorti par le fond. Emmanuel seul est en scène.)

SCÈNE V.

EMMANUEL. Il regarde de loin dans la chambre à droite dont la porte est restée ouverte.

C'est pour une couronne qu'elle s'est parjurée, c'est par une couronne qu'elle sera punie!... J'ai vécu six ans en Italie... j'en ai rapporté la vengeance qui va me servir aujourd'hui... C'était celle des Borgia! vengeance rapide comme l'éclair, terrible comme la foudre!... (Il tire une fiole de son sein.) Quelques gouttes de ce poison au bord de cette couronne, et la mort va se glisser froide et pénétrante jusqu'aux sources de la vie. Et quand ton cœur, femme lâche et perfide, bondira d'orgueil et de joie en voyant descendre sur ton front cette couronne au prix de laquelle tu t'es vendue, alors te frappera la colère d'Emmanuel! (Regardant autour de lui.) Personne!... Un moment me suffira. (Il entre à droite. Musique. Les portes du fond s'ouvrent, on voit la galerie se remplir d'invités qui traversent de gauche à droite pour se rendre à la chapelle. Puis Emmanuel rentre de droite, le visage pâle, l'œil hagard; il ferme la porte derrière lui.) M'aurait-on surpris! j'ai cru entendre... (Il écoute à la porte.) Non, c'est le bruit des pas de tout ce monde d'invités. Dans quelques minutes tout sera dit... et mon sort aussi sera fixé.

(Il se perd dans la foule au fond. On sort de chez Esther.)

SCÈNE VI.

CHIÈVRES, LE MARGRAVE, LE PALATIN, SAMUEL, ESTHER, RODOLPHE.

(Les deux familles entrent de la gauche et se dirigent vers la galerie en gagnant la porte du milieu au fond. Arrivés au milieu du théâtre, tous s'arrêtent.)

SAMUEL, au Palatin.

Monseigneur, ici je dois m'arrêter; d'ici,

j'aperçois l'autel des chrétiens ; le juif n'a pas le droit de s'en approcher. Plus heureux que moi, qui ne pourrai que prier de loin pour nos enfants, vous serez là, près d'eux pour les bénir. C'est à vous, monseigneur, que je confie tout ce que j'ai de cher et d'adoré au monde... ma fille... qui dès ce moment devient aussi la vôtre.

ESTHER.

Mon père, mon bon père, c'est pour vous seul que je vais prier ; car, pour elle, votre fille n'a plus rien à demander à Dieu... votre fille est heureuse !

SAMUEL.

Heureuse... ma fille est heureuse !... Vous l'entendez, Rodolphe, vous me l'avez rendue brisée de douleur et voulant mourir... je vou la rends radieuse de bonheur, d'espérance et de joie !

RODOLPHE, lui baisant les mains.

Oh ! merci... merci !...

SAMUEL.

Allez, enfants... votre père vous a bénis... allez demander les bénédictions du ciel.

(Sur un signe de Chièvres, un page est entré à droite ; il en ressort portant la couronne toujours couverte et sur le coussin ; il se dirige vers la chapelle, Chièvres le suit, puis le Palatin donnant la main à Esther, le Margrave conduisant Rodolphe ; puis les gentilshommes invités. Les portes de la chapelle se ferment : deux hallebardiers sont devant ces portes. Samuel seul reste en scène, et un moment après entre Emmanuel.)

SCÈNE VII.

SAMUEL, puis EMMANUEL.

SAMUEL, qui a suivi sa fille des yeux jusqu'au moment où les portes se ferment.

Dieu d'Israël, toi qui toujours as soutenu le faible contre le fort ; toi qui as frappé le géant Goliath par le bras d'un enfant, Holopherne par celui d'une femme, sois glorifié, ô mon Dieu ! car aujourd'hui encore tu as pris ton serviteur par la main pour le conduire au but desiré, pour faire de lui le vainqueur des puissants du monde !

EMMANUEL, qui est entré pendant cette prière de Samuel.

Mais non pas le vainqueur d'Emmanuel.

SAMUEL.

Toi ici !

EMMANUEL.

C'est ici que Samuel avait marqué le terme de ses vœux, ici qu'il croyait toucher au bonheur tant souhaité ; c'est donc ici qu'il devait rencontrer un dernier et invincible obstacle, la haine d'Emmanuel ! car, au jour de ta trahison, je t'ai juré que si tu ne m'acceptais pas

pour ami, je te poursuivrais partout en ennemi !

SAMUEL.

Et moi je t'ai promis, au jour de ta colère, qu'un moment viendrait où tu saurais tout, et qu'alors tu rougirais de tes emportements. Eh bien ! ce moment il est venu ! aujourd'hui je peux tout dire, aujourd'hui je vais me justifier.

EMMANUEL.

Te justifier d'un manque de foi... te laver d'un parjure !

SAMUEL.

J'eusse été parjure, Emmanuel, si j'avais cédé à tes prières, à tes menaces ; si je t'avais dit : « Tu viens me réclamer la main d'Esther, Esther est à toi. » Là eût été le parjure ; car je ne t'aurais donné qu'une épouse déshonorée !

EMMANUEL.

Qu'entends-je !

SAMUEL.

Était-ce là, mon fils, ce que je t'avais promis, ce que j'avais juré à ton père Éléazar ? et n'avais-je pas raison de te dire alors : « Si je tenais la parole que je t'ai donnée, tu me maudirais un jour de l'avoir tenue ? »

EMMANUEL.

Mais pourquoi m'avoir caché si long-temps...

SAMUEL.

Le déshonneur de ma fille ?... ah ! parceque personne au monde ne devait pénétrer le secret de sa honte avant que sa honte fût effacée ; parceque, s'il ne fallait pas qu'Emmanuel pût rougir d'Esther, il ne fallait pas non plus qu'Esther pût rougir devant Emmanuel... car elle en serait morte à tes pieds ! Et maintenant que cette réparation je l'ai obtenue grande et éclatante ; maintenant que j'ai pu tout te confier, Emmanuel, et que tu ne peux plus garder contre moi ni ressentiment ni colère, je viens à toi, fils, sans aucun souvenir de tout le mal que tu as voulu me faire, te suppliant même de me pardonner les chagrins que, malgré moi, j'ai dû te causer, et je te dis : Le bonheur de ma fille me coûte la moitié de ma fortune ; eh bien ! l'autre moitié, c'est à toi que je la destine, à toi que j'ai promis d'aimer d'un amour de père. Dis., Emmanuel, maintenant que j'ai donné ma fille à un autre, veux-tu encore être mon fils ?... Réponds, le veux-tu ?...

EMMANUEL, comme sortant d'un rêve.

Qu'ai-je entendu, Dieu du ciel !... qui m'a parlé ?... Est-ce toi, vieillard, qui viens de jeter dans mon ame un horrible doute, ou bien suis-je le jouet d'un songe affreux ?... Quoi ! ce n'est pas par orgueil que tu m'as repoussé ?... quoi ! ce n'est pas par ambition que ta fille s'est donnée à un autre ?... quoi ! tous deux vous ne m'avez pas lâchement trahi ?... Oh ! par pitié, par grace, dis que tu m'as trompé, que tu me trompes encore !...

SAMUEL.

Par l'ame de ton père ! par le Dieu d'Abraham ! je le jure, j'ai dit la vérité !

EMMANUEL, se jetant à ses pieds.

Mais alors tue-moi... écrase-moi sous tes
pieds, car je suis un monstre... car j'ai commis
le plus épouvantable des forfaits !

SAMUEL, le relevant.

Eh ! ne t'ai-je pas pardonné !

EMMANUEL.

Tu m'as pardonné, à moi le bourreau, l'as-
sassin de ta fille !

SAMUEL.

Emmanuel, reviens à toi... ta tête s'égare !...
ne sais-tu pas où nous sommes ?... dans le palais de l'ambassadeur d'Espagne... près de
l'autel où ma fille, heureuse et fière, couron-
née par le Palatin...

EMMANUEL, hors de lui.

Assassinée !... assassinée par moi !...

SAMUEL.

Ma fille !...

EMMANUEL.

La couronne, c'est la mort !...

SAMUEL.

La mort !... homme, tu es en délire...

EMMANUEL.

Plût au ciel que ma raison se fût égarée,
que ma tête se fût brisée, avant de concevoir
l'idée de cette horrible vengeance ! mais non...
c'est moi... moi qui, par une exécrable combi-
naison, ai trempé dans le poison le plus subtil
la couronne qu'on vient de poser sur le front
de ta fille !...

SAMUEL.

Empoisonnée !.... ma fille !.... Emmanuel,
sauve-la !...

EMMANUEL.

Hélas ! la sauver est impossible !

SAMUEL, désespéré.

Impossible !... oh !...

EMMANUEL, chancelant.

Le même poison est dans mes veines... et
déja la mort me glace le cœur... Oh ! ta fille
est morte et je suis damné !...

(Il s'appuie contre une colonne.)

SAMUEL, égaré.

Morte... ma fille morte !... je cours...

(Il se précipite vers la porte..

LES HALLEBARDIERS, croisant leurs piques.

Arrière, juif.

SAMUEL.

Mais n'entendez-vous pas que ma fille se
meurt ?...

CHARLES, entrant de la droite.

Ta fille est sauvée !

SAMUEL.

L'empereur !... (Il tombe à genoux.) Ah ! sire...
vous ignorez... une couronne empoisonnée...

CHARLES, la jetant à ses pieds.

La voilà.

SAMUEL, se relevant.

Que vois-je !...

CHARLES, indiquant la droite.

J'étais là... j'ai vu le crime de cet infâme...
et je l'ai prévenu.

SAMUEL.

Mais comment, sire, comment ?... (Regar-
dant du côté de la chapelle dont les portes se sont rou-
vertes, et voyant Esther qui reparaît la couronne en tête.)
Voyez là... là... sur le front de ma fille... cette
couronne...

CHARLES.

C'est celle de l'empereur.

(Samuel pousse un cri de joie et reçoit sa fille dans ses
bras. Emmanuel tombe mort au pied d'une colonne à
gauche. Tout le monde est rentré en scène et s'incline
devant l'empereur.)

VARIANTE.

Les Directeurs de province qui croiront de leur intérêt d'enlever à la Pièce ce que le cinquième acte y ajoute
d'effet *mélodramatique*, sont autorisés par les auteurs à supprimer cet acte tout entier. Il suffira,
dans ce cas, de faire, à la fin du quatrième acte, la *Variante* qui suit :

CHIÈVRES.

...Tout sera prêt au palais de l'ambassade
espagnole pour le mariage de la grande-duchesse Esther avec le prince Rodolphe.

LE MARGRAVE, s'approchant du Palatin, lui dit :

Eh bien, beau cousin, elle est chrétienne
et grande-duchesse... Que faire à cela ?...

LE PALATIN.

Se soumettre à la nécessité... et je me sou-
mets.

LE MARGRAVE.

Bien raisonné ! Donnez à la fille vos parche-
mins, le papa vous donnera son portefeuille...
vous ne perdrez pas au change.

FIN DE SAMUEL LE MARCHAND.

PARIS. — IMPRIMERIE NORMALE DE JULES DIDOT L'AINÉ,
n° 4, boulevart d'Enfer.

BIBLIOTHEQUE ROYALE